中华青少年科学文化博览丛书·环保卷 >>>

图说低碳经济与环境保护 >>>

中华青少年科学文化博览丛书·环保卷

图说低碳经济与环境保护

TUSHUO
DITAN JINGJI YU
HUANJING BAOHU

吉林出版集团有限责任公司 | 全国百佳图书出版单位

前　言

　　"低碳"是近年来被人们所关注的一个热门词汇，它的意思是指较低的温室气体排放的生活方式。

　　随着世界工业经济的发展、人口的剧增、人类欲望的无限上升和生产生活方式的无节制，世界气候面临越来越严重的问题，二氧化碳排放量越来越大，地球臭氧层正遭受前所未有的危机，全球灾难性气候变化屡屡出现，已经严重危害到人类的生存环境和健康安全。

　　面对全球气候变化，急需世界各国协同减低或控制二氧化碳排放，1997 年的 12月，《联合国气候变化框架公约》第三次缔约方大会在日本京都召开。

　　149 个国家和地区的代表通过了旨在限制发达国家温室气体排放量以抑制全球变暖的《京都议定书》。

　　2005 年 2 月 16 日，《京都议定书》正式生效。这是人类历史上首次以法规的形式限制温室气体排放。

　　低碳经济是以低能耗、低污染、低排放为基础的经济模式，是人类社会继农业文明、工业文明之后的又一次重大进步。

　　"低碳经济"的理想形态是充分发展"阳光经济"、"风能经济"、"氢能经济"、"核能经济"、"生物质能经济"。

　　低碳经济的发展模式是一场涉及生产方式、生活方式和价值观念的全球性革命，通过技术创新、制度创新、产业转型、新能源开发等多种手段，尽可能地减少煤炭石油等高碳能源消耗，减少温室气体排放，达到经济社会发展与生态环境保护双赢的一种经济发展形态。

　　低碳经济几乎涵盖了所有的产业的领域，被称之为"第五次全球产业浪潮"，它的内涵延展为，低碳社会、低碳经济、低碳生产、低碳消费、低碳生活、低碳城市、低碳社区、低碳家庭、低碳旅游、低碳文化、低碳哲学、低碳艺术、低碳音乐、低碳人生、低碳生存主义、低碳生活方式。

　　所谓低碳生活，就是把生活作息时间所耗用的能量要尽量减少，从而减低二氧化碳的排放量。

　　低碳生活，对于我们这些普通人来说是一种生活态度，也成为人们推进潮流的新方式。它给我们提出的是一个愿不愿意和大家共创造低碳生活的问题。我们应该积极提倡并去实践低碳生活，要注意节电、节气、熄灯一小时等。

　　从这些点滴做起，就是为地球环境出一份力。

目录

目 录

目 录

目录

第九章

享受"低碳饮食"，环保健康两不误

第十章

"低碳经济时代"到来，你减碳了没?

第1章 古人教会我们"低碳"的那些事

1.古人"低碳"生活大揭秘
2.古代最环保的"电风扇"和"空调房"
3.古代最具代表性的5位"低碳"达人
4.从四大名著看古人的低碳生活
5.停电停水,"省油灯"粉墨登场
6.老北京冰窖的低碳理念

◢ 古人"低碳"生活大揭秘

一提到古人,尤其是"很早很早之前"祖先们的生活状况,可能有很多人都只想到"身批粗麻"甚至"茹毛饮血"的景象。

对于古代先人的认识都是来自于现在的影视作品,而影视作品由于其艺术要求,对于古代人的日常生活介绍比较片面。真实的古代人生活就那么落后吗?古代人与现在人的"差距"就那么大吗?其实,古人比我们想象中讲卫生得多。

早在先秦时期,古人便"三日一洗头,五日一沐浴"。到了汉代,还出现了"休沐",就是官员上五天班之后,能专门休一天假来洗澡。更有人因为喜欢洗澡而著书立说,这就是南朝的梁简文帝萧纲和他的《沐浴

"无患子"的果实

无患子

经》。古人洗头更勤，常使用清水和天然清洁剂"无患子"来洗头。

古代女人最常用的三样法宝是黛、妆粉和胭脂。"黛"是一种黑色的矿物质，把它先磨成粉再加水，可以用来画眉。妆粉就是现在的粉饼。胭脂是古代的口红，原料是一种叫"红蓝"的花朵，与妆粉调和后也可当腮红使用。

古人比现代人可要环保多了，随手乱扔垃圾这种不文明的现象很少发生。早在 8 000 年前，古人就会将垃圾集中处理，利用天然的或挖掘而成的土坑来堆放垃圾。古代

胭脂是古代的口红

垃圾场的遗迹里，大多是碎裂的瓷器和漆器，拼凑一下，说不定能还原一件古董。

古时候没有环境污染，无论河水、泉水、井水，还是雨水都可以直接饮用，不用担心拉肚子。只有天气寒冷时，古人才会把水烧开了喝。

古人也是很注重口腔卫生的，咱们的祖先老早就用右手中指当牙刷用了。再后来，印度人发明的"杨枝牙刷"由僧人传入中国，又名"木齿"。其使用方法非常简单：将杨枝一头咬软，蘸了药物刷牙，可令牙齿光洁。更简单的方法是用"嚼"，跟长颈鹿似的嚼嫩树枝，也可达到类似效果。

唐代开始，人们用柳枝做成刷，蘸药水揩齿。唐医王焘在《外台秘要》描述以升麻、白芷、沉香等为药，碾碎成散，将杨柳枝头咬扁，点药擦洗牙齿，这就是早期牙刷、牙膏的雏形。

唐代的牙刷多选用牛骨做柄，筒子骨买回后，要先去掉两头的骨节，然后将中间直通的部分劈成片，劈骨头就要用到一般人都很陌生的工具锛。

劈好的骨头进行防腐处理，用的是淘米水，要泡好几天。泡好的骨片，还要用麻衣锉锉平，再放到放了黄藤芯的木桶中。手摇木桶，用黄藤芯和骨片之间的摩擦进行抛光。此后骨片上还要钻上 22~66 个不等的孔，制作牙刷，最精巧的地方就在这里。然后是穿猪鬃。最后一道工序则是将牙刷烘干，用硫磺熏，消毒。

在宋代时期，已有了类似牙膏的替代物，古人以茯苓等药材煮成

"澡豆"（相当于肥皂）

"古牙膏"，早起用来漱口。如果怕清洗不干净，便用手指代替现在的牙刷，在不然，就是先前说的杨柳枝，沾上古牙膏清理牙齿。人们主张每日早晚用柳枝揩牙两次，正式有牙刷一词，郭玉诗中云："南洲牙刷寄头日，去垢涤烦一金值。"

从古书记载来看，到了南宋，城里已经有专门制作、销售牙刷的店铺。那时的牙刷是用骨、角、竹、木等材料，在头部钻毛孔两行，上植马尾。

和现代的牙刷已经很接近了。也有青盐用布或者手指，在不然上面提到的古代牙刷，用这些蘸了，擦牙齿，然后用清水漱口。

古时候没有环境污染的问题，也没有电视、电脑的诱惑，所以近视的人非常少。通常近视的都是苦读的书生。你想啊，老是凿壁偷光、囊萤夜读，不近视才怪呢。

古人以为看不清是因为精神不集中，所以，"定志丸"是最常用的药，也有用穴位按摩和针灸来治疗眼睛近视的。

古代人是爱干净的，上厕所也一样。唐宋之前，人们用的是一种叫做"厕筹"的木头片或竹片。而元明清之际人们开始用手纸拭秽，这种纸大多是没有字的"粗"纸。而在大户人家的厕所里，还专门提供干枣塞鼻子防臭气，以及"澡

徐霞客

豆"（相当于肥皂）清水净手。

古代最环保的"电风扇"和"空调房"

在地球村日益变暖、动辄三四十摄氏度高温的夏季，坐在凉风习习的空调房里办公、学习，实在很是惬意舒服。在烈日炎炎的夏日，古人是采取何种办法度夏呢？

我们的祖先是很聪明的，他们发明了最原始的扇子，还不断研究出新的降温设施。

在汉代能工巧匠已经研制出"叶轮拨风"的大型纳凉器具，其取凉效果非常可观。《西京杂记》卷一中就有这样的记载："长安巧匠丁缓作七轮扇，大皆径丈，相连续，一人运之，满堂寒颤。"这段文字过于简练，我们无法得知这种"叶轮拨风"的详情，想象中它的拨风原理应该是利用叶轮的旋转形成风源，即在巨轮上安上七个叶片，一人摇动手柄，七个叶轮飞速旋转，空气被搅动起来产生凉风。当然这种大型设备一般人消费不起，皇家贵族才享用得了。

到唐代，出现了一种供人们消暑的"凉屋"。这"凉屋"一般傍水而建，采用水循环的方式推动扇轮摇转(犹如民间的水车)，将水中凉气缓缓送入屋中，或者利用机械将水送至屋顶，然后沿檐而下，制成"人工水帘"，使凉气进入屋子。

科学在不断进步，明朝文人高濂在《遵生八笺》中对当时纳凉也有精彩的描述："霍都别墅，一堂之

徐霞客雕像

中开七井，皆以镂刻之，盘覆之，夏日坐其上，七井生凉，不知暑气。"

不难看出，明代人的消暑又前进了一步，而且巧妙利用地理优势，也不乏科学道理。想必这古代的"凉屋"和"霍都别墅"，比起密不透风的现代"空调房"来，降温效果更好、空气更清新、也更符合环保理念。

古代最具代表性的 5 位 "低碳"达人

徐霞客在完全没有政府以及NGO资助的情况下，独立进行科学探索30年。由于旅游和地质专业的性质，他需要奔走于全国各地，且多是交通不便甚至人迹罕至的地方，徐霞客没有被困难所击倒，他最终选择了徒步这种最廉价也最低碳的方式。

所谓徒步就是无论距离远近，均不借助或很少借助舟、船、车、马的协助，这样就避免了大量的直接排放。而更少的占用社会资源，也就意味着最大程度的避免间接的温室气体排放。

能下这样决心的人很多，但能

大禹

大禹

像徐霞客同志一样最终坚持下来的人却很少，在没有考察任务的时候，他甚至每日可步行百余里。30年间，他的足迹遍布19个省、市、自治区，最终著成《徐霞客游记》10卷，240多万字。

在充满奇幻色彩的上古时代，伟大的中华民族先民曾饱受海淹水浸的痛苦，为了让老百姓能够安居乐业，当时的领导者派禹来治水，他一路测度地形的高低，树立标杆，规划水道。最终带领治水的民工，走遍各地，根据标杆，逢山开山，遇洼筑堤，以疏通水道，引洪水入海。最终为老百姓免除了水患。

相较于他的父亲所采用的截堵方式，这种因势利导的方法，不但从根本上解决了水患问题，同时还有一个副产品，就是避免了水库的温室气体排放。试想一下，假设没有大禹的出现，人们的治水思路上始终是建越来越坚固的大坝，修越来越大的水库，那么如今华夏大地的森林将被星罗棋布的水库淹没，那么，在厌氧发酵情况下所产生的甲烷量（是二氧化碳温室效应的21倍）将是极其恐怖的。

也许，仅这些人工水库所产生的甲烷就可能引发足够强烈的温室效应，让湖泊最终跟大海里应外合，吞没华夏大地。

圣人孔子

孔子雕像

孔子："子钓而不纲，弋不射宿"意思是孔夫子向来钓鱼却不拿网捞鱼，射鸟却从不覆巢。这可能是最早的关于可持续发展的行为准则，钓鱼吃可以果腹，鱼儿不绝，人自然也可以安享万世生息。然而一网打尽虽可极尽一时口腹之欲，却最终必然导致资源枯竭，也就无从谈起后世子孙了。

"君子食无求饱，居无求安。"、"饭疏食饮水，曲肱而枕之，乐亦在其中矣"：意思是品德高尚的人不会苛求多么奢靡的生活，饭不一定要吃的太饱，住的地方也不一定要多么奢华，哪怕只能吃着粗粮，仅能枕着胳膊睡觉，也可以乐在其中。

还记得赵本山在其小品中有一句经典台词："纵有房间千万垛，睡觉只需三尺宽"，事实上，过分的追求物质条件，必然造成资源的浪费，而每多占用一点额外的社会资源，就会引发一系列的社会活动，对于地球都会造成负担。以现代建筑为例，每多使用一点居住空间，都会加大建筑材料的需求、人力资源的需求、采暖制冷的需求等，这些直接和间接的温室气体排放也都会加大地球的温室效应。这是一个很简单的道理。

诸葛亮：为抗曹，东吴要孔明准备十万羽箭，孔明没有火急火燎的生火冶铁炼铜，而是本着物品循环利用的原则，先用草船借箭之计在曹操处借来足够数量的箭簇，而真正开打的时候，又派箭手如数还给了曹操，这一借一还之间就省下了 10 万支箭，它的减排原理就在于，箭是消耗品，制作的材料以及制造的过程都会产生排放，每多使用一次，就会减少一定的减排。所以，一个草船借箭就成就了箭支生产和消费的两重减排。此法虽与当年匡衡凿壁偷光有异曲同工之妙，却胜在光明正大，取之有道。

除此之外，孔明的行为也客观的阐释着他节能减排的思想，那就是以战止战，三分天下。战争打得是什么？资源，额外消耗资源，所谓战火一起，焦土万里，为了避免战

诸葛亮

争给资源能源带来不必要的负担，最好的办法就是平衡，为此，诸葛孔明一记火烧赤壁，把北军打残又未赶尽杀绝，最终平衡了各势力的军事配比。

随后几年的休养生息，老百姓太平不说，森林也有了喘息之机，不至于沦为流沙之地。孔明先生真是应时应运而生的低碳使者啊！

左宗棠：1881年，左宗棠任两江总督，有一天，他到郊外巡视，见一山，便问手下："此乃何山？"，手下答曰："狮子山"。他笑道："狮子无毛，威仪何在？"下属忙解释："此山原来树木很多，因民间做饭伐木以致无毛。"左宗棠了解到，外埠虽有煤炭供应，但费用较大，一般百姓消费不起。

他马上派人去周边城镇调集大量煤炭，按户定量平价卖给居民，并由官府出钱买松杉种苗百万余株，遍植山野，还发布告：严禁砍伐。这对南京早期山林绿化，起了重要作用。

收复新疆后，他又差人大规模兴办蚕桑事业，两次从湖州运桑秧到新疆栽种移接，并请专人到新疆传授养蚕、缫丝、织造等技术，在甘肃也栽种桑树千余株。

可见，左宗棠所代表的古代公务人员

诸葛亮

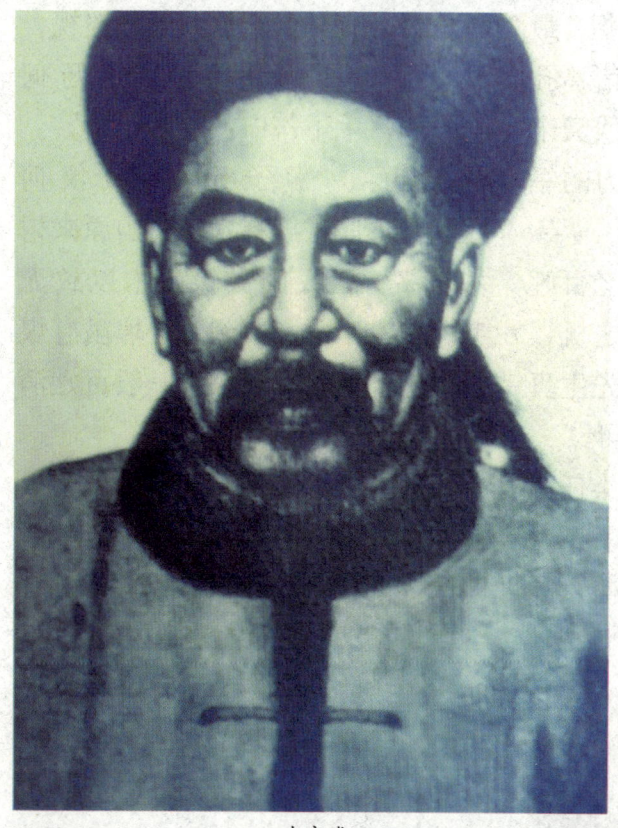

左宗棠

并不是一时兴起或者无心插柳，相信一定是有关于环保的考虑在其中，虽然当时并没有"低碳"一说。

从四大名著看古人的低碳生活

与现代人相比，古人的生活更近自然，更像我们所说的低碳生活。

《西游记》里的师徒四人衣着简朴，基本没什么中看的行头。观音菩萨曾送唐僧一件锦斓袈裟，曾被黑风怪盗去，办佛衣会，后来唐僧就把这件好衣裳束之高阁了。孙悟空有件虎皮裙十分威武，由唐僧用虎皮缝制而成。和尚不是时装设计师，针脚必粗大，可惜了虎皮这上等材料。

《三国演义》"青梅煮酒论英雄"，一是奸雄曹操，一是枭雄刘备，谈论的又是天下大事。可俩豪杰吃酒却极简单，"随至小亭，已设樽俎：盘置青梅，一壶煮酒"。想来煮酒必不是茅台、五粮液之类，下酒菜连鸡鸭鱼肉都欠奉；更休提歌女伴舞、乐队伴奏，壮士舞剑倒差点上演，关、张赶来给刘备保驾，曹操很大度，还命"取酒与二樊唝压惊"。

《红楼梦》中贾探春是位女智者，她能居安思危。"敏探春兴利除弊"一回，王熙凤病倒，探春高举"开源"、"节流"大旗，以身作则，对大观园进行了经济改革，颇见成效。

古典小说里对出行描写的不少，如马上征战、坐车（轿）巡游、腾云驾雾等。以今天眼光看，车（轿）马虽比今人的汽车环保，但对古人而言，委实算得高碳。

真正低碳的还要属《水浒传》里神行太保戴宗腿上绑纸甲马，念几句咒语，就可日行千里，夜行八百。不仅材料便宜，而且"司机"戴宗还必须吃素，才能保持法力，这才是真正的低碳交通工具啊。

◥ 停电停水，"省油灯"粉墨登场

现在形容一个人不节约、铺张浪费或者不好惹，我们会说此人"不是省油的灯"。而最早"省油灯"一说最初出自陆游的诗文中，而古代也确实存在这种节油的"省油灯"。"宋文安公集中，有《省油灯盏》诗，今汉嘉有之，盖夹灯盏也。一端作小窍，注清冷水于其中，每夕一易之。寻常盏为火所灼而燥，故速干，此独不然，其省油几半。"

"省油灯"

古代不像现今一样，有电灯可照明，古时一般点灯盏来照明。六朝时的灯盏，通常由油盏、托柱、承盘三部分组成，其制作大多新颖别致、式样变化多端，现在看来仍可堪称艺术品。而省油灯就是这些灯盏中的一种，它由瓷器制成。

省油灯初看与普通灯盏没大的区别，但它的碟壁是一个中空的夹层、碟壁侧面有一个小圆嘴，用来向夹层中注水。在夹层中注入冷水以降温后，可省一半的油。

唐宋两代省油灯都很受欢迎。

邵公济牧在汉嘉年间还曾把省油灯当礼物送给朝廷的学者和高级官吏呢。

有关省油灯，古代还有一种故事，说的是隋炀帝骄奢淫逸，铺张浪费，上梁不正下梁歪，地方官也尽力剥削百姓，用以取悦隋炀帝，使得民怨鼎沸。

一年中原秋季大旱，恰逢隋炀帝又远征高丽，在行军的途中，油料告急，窘迫到夜间都无油点灯，军中有个叫刘坊建议向全国上下征收油料，并令百姓掌灯须用特

"省油灯"

古代"凉屋"遗址

制的省油灯，最晚至二更，违者科以重税，老百姓连省油灯也无力再点。

老北京冰窖的低碳理念

2009年6月的一天，北京电网供电负荷达到1265.9万千瓦，相当于上世纪60年代全国的用电负荷，空调制冷消耗的电能达500万千瓦以上，一个夏天消耗的电力达数十亿千瓦，相当于二氧化碳排放达数十亿千克！

相比老北京的冬季窖冰，那才是真正的"绿色"经济。如果不计算照明所产生的一点点碳则理论碳排放为0。

我们试着计算一下现存雪池6号冰窖可以藏冰10 000块，约为60万千克，可在无碳排放的情况下为0平方米的住宅提供一个夏天的制冷空调。利用现代技术的中央空调解决同样3 000平方米的制冷则需耗电50 000~60 000千瓦时，加上数万千克冷却水。二氧化碳排放不少于 6 万千克。实际上，北京已经有不少建筑物采用"冰蓄冷"技术。就是利用夜间廉价的"低谷电"制储存在地下室的冰池中，白天再用这些冰的"冷量"来解决制冷空调问题。用以减放和节约制冷费用。

现在还有一种"地温热泵"技术，被广泛使用，就是利用建筑物地下及庭院、停车场、绿地以下 100 米深度潮湿的土壤，作为蓄存热量和"冷量"的介质。

利用热泵技术，冬季从地下的土壤和水分中获取热量，用于建筑物供暖；当冬季结束时，这部分的土壤温度会变得很低，甚至其中的水分已部分结冰。到了夏季，又可以从这部分被"冷却"的土壤里"提取""冷量"，为建筑物制冷。目前我国所拥有的地温热泵技术为"低碳经济"每年减少了数十亿千克的二氧化碳排放。

囊萤夜读

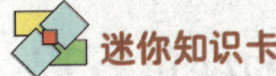 **迷你知识卡**

囊萤夜读

即车胤囊萤夜读。晋代时,车胤从小好学不倦,但因家境贫困,父亲无法为他提供良好的学习环境。为了维持温饱,没有多余的钱买灯油供他晚上读书。夏天的一个晚上,他正在院子里背一篇文章,忽然见许多萤火虫在低空中飞舞。一闪一闪的光点,在黑暗中显得有些耀眼。他想,如果把许多萤火虫集中在一起,不就成为一盏灯了吗?于是,他去找了一只白绢口袋,随即抓了几十只萤火虫放在里面,再扎住袋口,把它吊起来。虽然不怎么明亮,但可勉强用来看书了。由于他勤学苦练,后来终于做了职位很高的官。

隋炀帝

杨广(569年—618年)是隋朝的第二任皇帝。隋文帝杨坚次子,母文献独孤皇后。开皇二十年(600年)十一月立为太子,仁寿四年(604年)七月继位。即位之后,对于国政有恢宏的抱负,并且戮力付诸实现。他在位期间修建大运河,营造东都洛阳城,开拓疆土畅通丝绸之路,推动大建设,开创科举,亲征吐谷浑,三征高句丽等。

隋炀帝远征高丽

第2章 "低碳"经历了从古到今的绿色行程

◤ "低碳"是21世纪最热门的词汇

近年来,"低碳"一词通过各种方式和渠道进入公众的视野,成为最热门的词汇之一。

自"哥本哈根气候会议"之后,低碳成为行业关注的热点,开始逐渐为普通消费者所熟知和认同。对于普通人来说,这个词并不是遥不可及的,其实它只是一种生活习惯,一种自然而然地去节约身边各种资源的习惯。

绿色环保的观念逐渐深入人心

在人类文明进入 21 世纪的今天，绿色环保的观念逐渐深入人心，践行低碳生活不仅成为一种流行理念，还成为一种时尚生活方式。

"低碳"意指较低的温室气体（二氧化碳为主）排放。随着世界工业经济的发展、人口的剧增、人类欲望的无限上升和生产生活方式的无节制，世界气候面临越来越严重的问题，二氧化碳排放量越来越大，地球臭氧层正遭受前所未有的危机，全球灾难性气候变化屡屡出现，已经严重危害到人类的生存环境和健康安全，即使人类曾经引以为豪的高速增长或膨胀的 GDP 也因为环境污染、气候变化而大打折扣。

碳化合物一般是指从化石燃料中获得，然后再分离并进一步合成出各种生产生活所需的产品，如乙烯、塑料等。

碳的存在形式是多种多样的，有晶态单质碳，如金刚石、石墨；有无定形碳，如煤；有复杂的有机化合物，如动植物等；有碳酸盐，如大理石等。

单质碳的物理和化学性质取决于它的晶体结构。高硬度的金刚石和柔软滑腻的石墨晶体结构不同，各有各的外观、密度、熔点等。

常温下单质碳的化学性质不活泼，不溶于水、稀酸、稀碱和有机溶剂；不同高温下与氧反应，生成二氧化碳或一氧化碳；在卤素中只有氟能与单质碳直接反应；在加热下，单质碳较易被酸氧化；在高温下，碳还能与许多金属反应，生成金属碳化物。碳具有还原性，在高温下可以冶炼金属。

所谓低碳生活，就是把生活作息时所耗用的能量要尽量减少，从而减低二氧化碳的排放量。

光合作用吸收二氧化碳

绿色环保

◤ 古代绿色卫士——杜甫和郑屠夫

据《云仙杂记》记载，唐代大诗人杜甫去市场买鱼时，总是从自家茅屋上揪一根茅草，溜达着就去市场了，挑好鱼，用茅草往鱼鳃上一穿，拎起便走，既轻便又环保。同样，古人卖肉也很注重环保。

《水浒传》里，鲁智深来到镇关西的肉铺寻衅，郑屠夫按照他的要求把肉切成臊子，最后用荷叶包起来。荷叶在许多地方遍野都是，用作包装成本很低，而且干净清香。精明的郑屠夫既节约了成本，又保护了环境。

杜甫和郑屠夫的做法在今天看来就是践行低碳生活的体现。

◤ 古诗中的低碳生活

古人早就有低碳意识，且早从精神上进入了一个至今无法超越的境界。在《诗经》时代，诗中就出现了山水景物，如："窈窕淑女，在河之洲"、"青青河边草，郁郁园中葵"、"蒹葭苍苍，白露为霜"等名句都以起兴手法表现了当时人们对低碳环境的亲近。

而山水诗的出现，不仅使山水成为独立的审美对象，为中国诗歌增加了一种题材，而且开启了文人雅士低碳生活的先河。

到了汉末建安时期，曹操的《观沧海》就是中国诗歌史上第一首完整的山水诗。这首四言诗借诗人登山望海所见到的自然景物，描绘了祖国河山的雄伟壮丽，既刻划了高山大海的动人形象，更表达了诗人豪迈乐观的进取精神，是建安时代描写自然景物的名篇，也是我国古典写景诗中出现较早低碳概念的名作之一。

杜甫

而隐居后写下《归园田居》、《桃花源记》等名篇的东晋末期大诗人陶渊明，则为大家所熟识公认的"亲水派"大家。

陶诗中"少无适俗韵，性本爱丘山"、"久在樊笼里，复得返自然"之类的物象描写，虽然只是淡淡的几笔，但在平淡的外表下，却蕴含着炽热的感情和浓郁的生活气息。

陶渊明辞官归里，过着"躬耕自资"的生活，夫人翟氏，与他志同道合，安贫乐贱，"夫耕于前，妻锄于后"，共同劳动，维持生活，与劳动人民日益接近，息息相关，是典型的古人"低碳生活"，"采菊东篱下，悠然见南山，山气日夕佳，欲辨已忘言"。

唐代王维、孟浩然的山水田园诗，则承继并发展了人们对低碳环境的追求。"独坐幽篁里，弹琴复长啸，深林人不知，明月来相照"

王维继承和发展了谢灵运开创的写作山水诗的传统，对陶渊明田园诗的清新自然也有所吸取，使山水田园诗的成就达到了一个高峰。

而孟浩然则善于发掘自然和生活之美，清新朴素，不事雕琢，能即时即景写出真切的感受，在诗歌艺术上有独特的造诣。

"春眠不觉晓，处处闻啼鸟"、"绿树村边合，青山郭外斜"、"木落雁南渡，北风江上寒"、"风鸣两岸叶，月照一孤舟"等千古名句，清空淡然，自在幽静，不愧为描述低碳生活之佳构也。

◪ 没有手机，古人烽火传信

在我国古代社会里，人们很早就使用通信的方法来互相联系了。我国云南省境内，有些少数民族中的个别部落，在解放前还停滞在原始公社阶段。他们没有文字，也没有交通工具，可是却有原始的通信方法。

例如景颇族有些部落，人们把辣椒送给朋友，表示自己遇到了很大的困难；载瓦族的青年人把一片

春眠不觉晓

古代烽火台遗址

叫做"得郎"的树叶送给他的女朋友，表示请她去赴约会；在一些少数民族中，如果送的是火药或铅弹，是表示要打仗了，如果送的是一块结晶的方盐，中间钻个小孔，那就是困难问题已经解决了的意思。

以物示意的通信方法，是一种很原始的方法。后来，人们的来往越来越多，范围也越来越广，就开始出现了有组织的通信方法。

古史记载，在 2 700 多年前的周朝幽王时期就有了利用烽火传递信息的方法。据说在边疆及通达边疆的道路上，每隔一定的距离，就筑起一座烽火台，接连不断。烽火台里装满柴草，遇到敌人入侵时，便一个接一个地点起烽火报警。各路诸侯见到烽火，就会派兵前来援助，共同抵抗敌人。

相传有这样一个故事。周幽王有个宠爱的妃子褒姒长得很美，可是总不爱笑。有一天，周幽王为了逗她发笑，就无缘无故地下令点起烽火。各路诸侯看到警号，都纷纷带兵赶到。结果自然是白跑一趟。这么一来，果然把褒姒逗笑了。

可是后来到了真有敌兵入侵的时候，各路诸侯看到烽火，都不再相信了，因而谁也不派兵来救。周

低碳工业

幽王因为得不到各路诸侯的援助，抵抗不了敌人的进攻，不但自己被杀，西周王朝也因此灭亡。

中国历代王朝，利用这种烽火报警的方法来传递军事情报，相沿很久。从后来发掘出来的汉简可以知道：在两汉时代，都有烽火台设置，而且规模很大，据说是"五里一燧，十里一墩，三十里一堡，百里一城寨"。这些烽火台由各地地方官吏管辖。这种通信方法，直到明、清时代，许多地方还在使用。

尽管这种方式不能完美表达所传信息，但对当时来说，没有电磁波的辐射与干扰，环境要比我们今天好的多。

▧ 细数古代那些冰窖遗址

紫禁城内曾有五座冰窖，可储冰 25 000 块。冰窖造型基本相同，采用半地下形式，长约 11 米、宽 6.3 米。这些冰窖大多在故宫博物院不开放的景区中，隆宗门外西南的造办处附近有一座至今尚存，据说游人可以看到。

雪池冰窖位于皇城内，清内务府旁边，是现存历史最悠久、规模最大、设施最完备的皇家冰窖，始建于明万历年间。

清代有半地下式砖砌拱形窖六座，可藏冰 54 000 块。现存的这5、6 号窖为内拱形建筑，内长约 25

米，深入地下近 5 米，券宽近 10 米，规模宏大。

窑内地下部分由大块花岗石铺底，花岗石砌帮；拱形顶由城砖砌成，可谓"铜帮铁底"。

雪池胡同的冰窑，一直使用到 1979 年，后来几个被北海公园用作供电室、维修车间、自行车棚等，1、2、3、4 号窑相继坍塌，或者拆毁填平。

德胜门外冰窑也是明清两代的大型官窑之一。

乾隆版《会典》记载："德胜门外窑三，藏冰三万六千七百块，以供各坛庙祭祀及内廷之胜门外土窑二，藏冰四万块。"

北京德外冰窑的历史也要追溯到明代，到清代乾隆年扩建到砖窑三座，土窑两座，可储冰。当年将官窑设置在德外的主要原因，是这里有大片可供伐冰的水面，来自于玉泉山的高粱河水注入这些水面，水质很好，例如今天的太平湖地铁车辆段，当年是原积水潭水面的一部分。

◣ "大西洲"悲剧带给我们的启示

世界气候面临越来越严重的问题，二氧化碳排放量愈来愈大，地球臭氧层正遭受前所未有的破坏，全球灾难性气候变化屡屡出现，频

大西洋

低碳环境

繁的地震已经严重危害到人类的生存环境和生命安全，即使人类曾经引以为豪的高速增长或膨胀的GDP也因为环境污染、气候变化带来的灾难而"大打折扣"。

这种以"负面效应"换取一点生活享受和"虚荣"无异于杀鸡取卵，到头来于国于民不利。现在，人类唯一生存的地球已不堪重负，强国的"空天"飞机升空，必将引起新的全球军备竞赛，如此竞争下去，其后果将不堪设想。

恐怕正如英国著名现代物理大师霍金所预言：一百年后人类将面临生态环境的严峻考验，不得不向太空移民。

美国《全球主义者》刊载：我们现在几乎开拓了这个星球上的每一块土地，并为真正的全球文明建起框架，但代价却是一张不可预测的帐单，可能让我们灭绝。等到那一天，人类如梦初醒为时已晚了。

古希腊哲学家柏拉图描述的"大西洲"，又叫亚特兰蒂斯，位于直布罗陀海峡以西，是传说中有高度文明发展的一片古老大陆，其社会经济与科技曾十分发达，据说所用燃料源于太空。

从此，大西洲的社会开始腐化了，贪财爱富、好逸恶劳、穷奢极欲代替了天生的美德，最后甚至对外发动侵略战争，掠夺别国资源，但最终沉沦于海底，消失于滚滚的波涛之中。这个传说听起来十分玄乎，但柏拉图多次强调，它是历代相传，并非虚构。

如果人类社会发展到一定程度，就会重演"大西洲"悲剧的话，那么这种发展就意味着人类社会的大倒退，对人类来说还有什么意义呢？

科学家从考古中发现了一些遗迹，证明历史不断的轮回，英国的巨石阵，麦田怪圈，魔鬼三角，玛雅高科技文明的突然消失，我们就应该更理性的认识这个世界。

有位先哲说：从古至今，人类社会有个周期，大致经历金、银、铜、铁、锡五个时期，往后发展下去，一个时期不如一个时期。

我们正处在"铁"的"动荡不安"时代，离"锡"的时期越来越近，这就意味着人类的生活习性与优良传统越来越远离，这种与"低碳"背道而驰的生活方式最终让地球变的岌岌可危。

◪ 古代低碳理念对我们的启示

人类想要在这个世界上生活的更美好，就要遵循自然规律，注重和谐发展。如果违背自然过度掠夺，竭泽而渔，浪费资源，污染环境，就会遭到大自然的惩罚。在这方面有很多例子。如唐太宗非常注重节俭，深知物力维艰。

作为一个新王朝的君主，一般来说都会有大兴土木的风习，以显

低碳的意义

保护自然资源

示自己的威严。但唐太宗认为这样做会劳民伤财，所以一改以往新君登基大兴土木的风习，仍然住在隋朝时期的旧宫殿内。在他的带领下，朝廷上下逐渐形成了崇尚节俭的风气，并出现了一大批以节俭闻名的大臣。

唐太宗常常对臣下说：人君依靠国家，国家依靠百姓。剥削百姓来奉养君主，就像割自己的肉来食用，肚子虽然饱了，身子也就毁了，人君虽然富了，国家也就亡了。所以人祸，不是来自外面，而是由自己造成的。可见，唐朝创造的举世敬仰的贞观盛世，与唐太宗为首的政府官员弘扬节俭文化并且身体力行是分不开的。

中华民族是一个崇尚节俭与和谐的民族，唐朝著名诗人李商隐"历览前贤国与家，成由勤俭败由奢"的诗句流传千古，影响深远。节俭文化陶养着我国一代又一代的后人。

文化决定理念，理念决定制度，制度决定技术，技术决定市场。发展低碳经济不仅需要调整产业结构，淘汰落后产能；健全政策法规，完善激励机制；开展科技创新，提高科技水平，更加需要弘扬节俭文化，增强环保意识。

发展低碳经济，必须在全社会大力弘扬中华民族传统文化尤其是节俭文化，摒弃奢侈文化，树立节俭为荣，奢侈为耻的风尚。

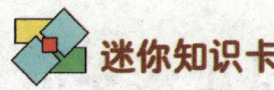 **迷你知识卡**

GDP

即英文 gross domestic product 的缩写,也就是国内生产总值。通常对 GDP 的定义为:一定时期内(一个季度或一年),一个国家或地区的经济中所生产出的全部最终产品和提供劳务的市场价值的总值。

周幽王

周宣王(姬静,周朝第十一位王)的儿子,西周末代君主。他贪婪腐败,不问政事,重用虢石父进行专政,引起国人强烈不满。又废嫡立庶,废除申后及太子宜臼,立褒姒为后及其子伯服为太子,并加害太子宜臼,致使申侯、缯侯和犬戎各部攻宗周。周幽王为取悦褒姒,数举骊山烽火,失信于诸侯。结果,被犬戎兵杀死于骊山之下,公元前 771 年,西周灭亡。

低碳建筑创意图

第3章 "低碳"是生活方式，更是生活态度

◣ 气候变暖呼唤"低碳生活"

"低碳生活"就是指生活作息时所耗用的能量要尽力减少，从而减低碳，特别是二氧化碳的排放量，从而减少对大气的污染，减缓生态恶化，主要是从节电节气和回收三个环节来改变生活细节。

如今这种生活方式已经悄然走

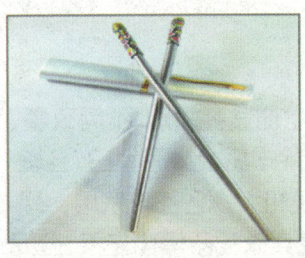

地球呼唤低碳

进中国，不少低碳网站开始流行一种有趣的计算个人排碳量的特殊计算器，如中国城市低碳经济网的低碳计算器，以生动有趣的动画形式，不但可以计算出日常生活的碳排放量，还能显示出不同的生活方式，住房结构以及新型科技对碳排放量的影响。

我们应该积极提倡并去实践低碳生活，要注意节电、节气、熄灯一小时……从这些点滴做起。除了植树，还有人买运输里程很短的商品，有人坚持爬楼梯，形形色色，有的很有趣，有的不免有些麻烦。但前提是在不降低生活质量的情况下，尽其所能的节能减排。

"节能减排"，不仅是当今社会的流行语，更是关系到人类未来的战略选择。提高"节能减排"意识，对自己的生活方式或消费习惯进行简单易行的改变，一起减少全球温室气体，主要减少二氧化碳排

低碳生活

保护节约水资源

放，意义十分重大。

"低碳生活"节能环保，有利于减缓全球气候变暖和环境恶化的速度。减少二氧化碳排放，选择"低碳生活"，是每位公民应尽的责任，也是每位公民应尽的义务。

古代"驴友"的低碳旅行

古人出门大致除了讨生活之外，文人就只有赶考与游历两种。赶考的目的只有一个：京城，如果很荣幸地成为政府的一员，但又没有留京的户口而外放的话，大概算是能增长点儿见识了。

运气不好的话，知府之下的官做来做去的风尘俗吏，倒是饱览各地胜景，尤其是派到偏远地方任职，路上就能走上几个月。不然就是贬官流放，倒是也像个驴友似的远走蛮荒。

只是这些东西与旅游没什么相同之处，那些各地一说起来在文人笔下都"山水奇绝"，实际上在现代人看来真不算什么的小景点大多是这么来的。

游历这件事似乎是文人所专

有，实际上确实也是文人以文会友以及打秋风的好方式，只是那往往是在通都大邑进行的活动，真正的山水是比较少见的。

当文人遇见真正的山水之时会如何？"文起八代之衰"的韩愈韩退之上华山的时候，腿软下不来，大哭之下投书于山下，被人拾到后当地县令组织了救援队上山才把这位给救下来，现在华山上的"韩退之投书大哭处"就是根据这故事来的。

最令人称道的却是，古代驴友出行只有徒步与轿行，绝对低碳环保，我们的先人很早就已引驴行之风了！

节能，也是一种低碳

从若干个环节来改变生活细节，包括以下一些低碳的良好生活习惯。每天的淘米水可以用来洗手、洗脸、洗去含油污的餐具、擦家具、浇花等。

干净卫生，天然滋润；将废旧报纸铺垫在衣橱的最底层，不仅可以吸潮，还能吸收衣柜中的异味；还可以擦洗玻璃，减少使用污染环境的玻璃清洁剂。

提倡环保用餐

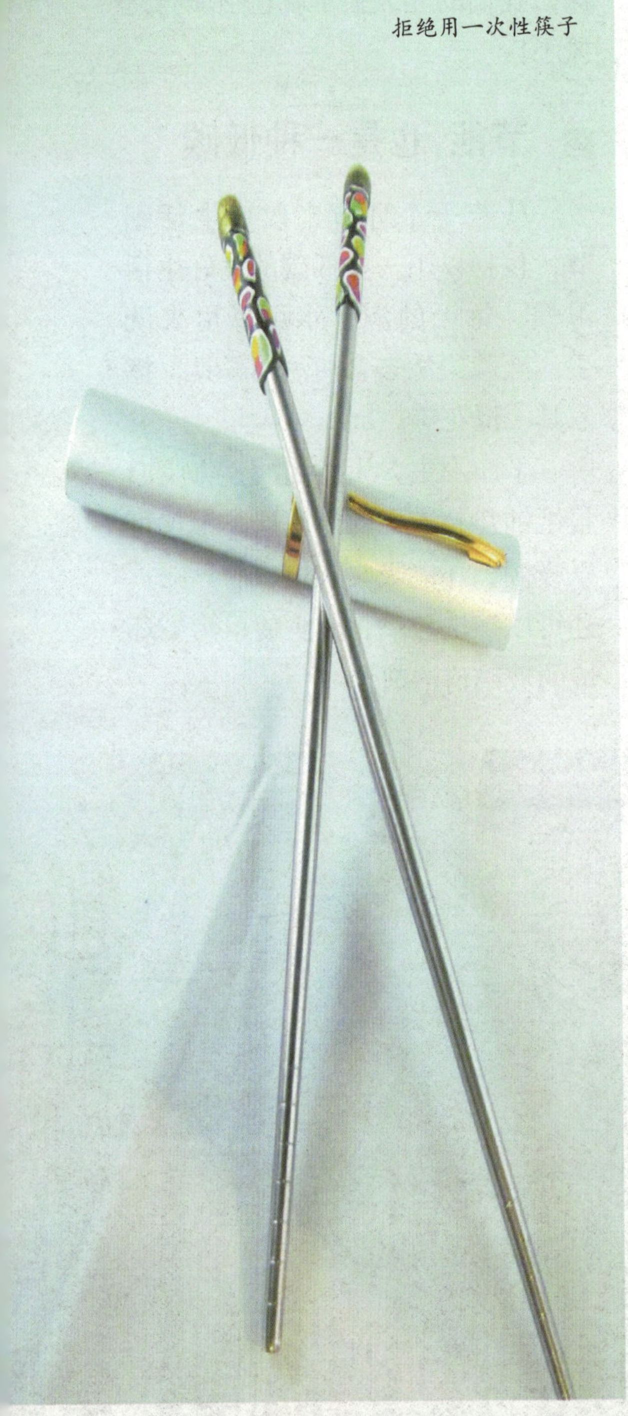

拒绝用一次性筷子

用过的面膜纸也不要扔掉，用它来擦首饰、擦家具的表面或者擦皮带，不仅擦得亮还能留下面膜纸的香气；喝过的茶叶渣，把它晒干，做一个茶叶枕头，既舒适，又能帮助改善睡眠；还可以用来洗碗、手工皂的原材、晒干后可吸异味；出门购物，尽量自己带环保袋，无论是免费或者收费的塑料袋，都减少使用。

出门自带喝水杯，减少使用一次性杯子；多用永久性的筷子、饭盒，尽量自带餐具，避免使用一次性的餐具；养成随手关闭电器电源的习惯，避免浪费用电；尽量不使用冰箱、空调、电风扇，热时可用蒲扇或其他材质的扇子。

夏天开空调前，应先打开窗户让室内空气自然更换，开电风扇让室内先降温，开空调后调至室温25℃～26℃之间，最好26℃以上，用小风，这样既省电也低碳；用过的塑料瓶，把它洗干净后可用来盛各种液体物质，也可以盛放一些豆类。

食物废料、残渣，可以用作肥料用，经过手工DIY的再创造，你会发现原来废物也是宝，这样的家

低碳意义

居环境健康且充满了创意的小欢乐。在提倡健康生活已成潮流的今天，"低碳生活"不再是一种理想了，更是一种"爱护地球，从我做起"的生活方式。

一件衣服的"低碳旅行"

一件400克重的100%涤纶裤子经过辗转各国的原料采集、生产制作、销售直到消费者手中多次的洗涤、烘干、熨烫后，耗电量约为200千瓦时，烧煤供电就会排放出约47千克二氧化碳，相当于裤子本身重量的117倍。

英国剑桥大学一项研究中得出结论，一件250克的纯棉T恤，从原材料提供到最后的回收或焚烧，一生消耗能量约等于30度电，二氧化碳排放量为7千克。

由此可见，化学合成纤维的衣服生产过程消耗较多的能源。利用了石油等原料人工合成，耗费大量能源和水，加上其材料不容易降解，需要更多能源处理掉这类服饰，加大了碳排放量。相反选择棉、麻等天然纤维所制作的服饰，

43

生产过程中减少了原料加工的大部分步骤，较能达到低碳的目的。

夏天时出门穿凉爽、轻便浅色的衣物，如免洗类的服装，预估每年可达到 300 万千克以上减碳效益。穿衬衣可以不打领带。减少丢弃衣服，以 DIY 形式翻新旧衣或转赠衣物予他人。

减少洗衣、烘干和熨烫的次数，从机洗改为手洗，变烘干为自然晾干，以降低能源消耗。洗衣机载满才开，以减低耗电。

选用节能洗衣机，它比普通洗衣机节电五成、节水六成，每台节能洗衣机每年可减排二氧化碳 9.4 千克。

◩ 和吃有关的"低碳秘诀"

据科学报告：目前每日有 50 种动植物，因供给人类的粮食、药物或衣饰而绝种。所以，不要购买濒危或受保护的动植物和其制品，如

尽量减少机洗

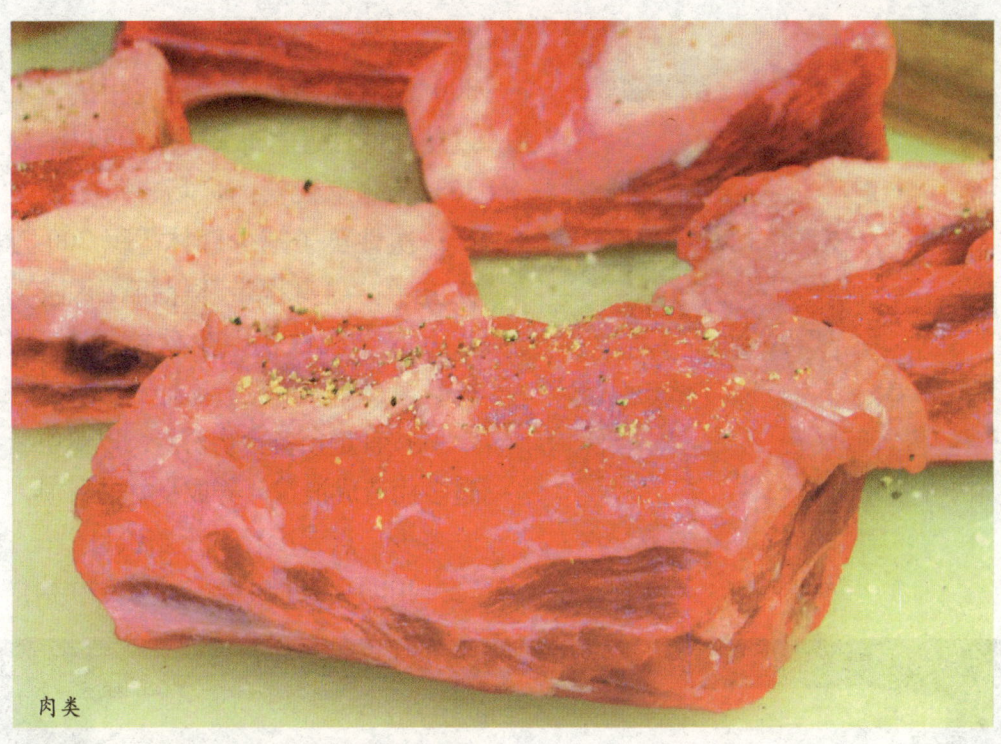

肉类

鲜肉

选购未经加工及本地生产的新鲜食品，减少化学农药和肥料毒害身体，又可减少长途运输耗用的能源和产生的污染。

肉类在生产、加工及处理过程中排放的温室气体尤其高，全球约50%的温室气体源自生产肉类。联合国于2006年发表的报告指出，畜牧养殖业的温室气体排放量比全球所有交通工具，包括飞机、火车、汽车、摩托车的总排放量还多。所以，鼓励大家多菜少肉，吃素不吃肉1餐，减碳1 100克。

野生人参、老虎制之药物、皮草和海龟标本等。

根据调查，我们每人每年吞下5～7千克的食物附加剂。所以，可

选用节能洗衣机

一次性筷子：中国每年生产800亿对即弃筷子，首尾相接，可以从地球往返月球21次，可以铺满363个北京天安门广场，每年为生产一次性筷子减少森林蓄积200万立方米。随身携带环保筷，每减少1万双一次性筷，少砍掉0.32棵树，减碳3.7千克。

按食量预备食物份量，以免份量过多而造成浪费。养成良好的习惯，吃多少、点多少，减少厨馀量。

用明火煮食1餐，减碳920克。

手下留情

自备水樽 1 个，重复使用 20 次，减碳 500 克。减少抽烟，1 天少抽 1 支烟，每人每年减排二氧化碳 0.37 千克，如中国 3.5 亿烟民都这么做，那么每年可节能约 5 000 万千克标准煤，减排二氧化碳 1.3 亿千克。

在厨房做饭时，应尽量避免抽油烟机长时间空转，如果每台抽油烟机每天减少空转 10 分钟，1 年可减少二氧化碳排放 11.7 千克。

选用节能电饭煲，对同等重量的食品进行加热，节能电饭锅要比普通电饭锅省电约两成，每台每年减排二氧化碳 8.65 千克。

"一次性筷子"宣传画

破解"垃圾围城"

每天，深圳的生活垃圾排放量达 1 500 万千克，且以每年 8% 的速度递增。

大宝安等地区，每日垃圾清运量达 450 万千克，约占全市的三成，每年产生生活垃圾 160 多万千克数据的背后，是"垃圾围城"之势汹涌而来。随着一个个垃圾填埋场的饱和，在寸土寸金的当下，深圳已难寻更多的空间承载与日俱增的生活垃圾。

为此，宝安区城管局将"垃圾分类"的宣传扩展到了遍布全区的环卫设施上，包括所有垃圾桶、垃圾转运车，还有街边的公益广告、候车亭、公交车等，都成为宣传阵地。

对于垃圾分类，之前市民只有可回收、不可回收的概念，现在要求每家每户把生活垃圾按照可回收物、厨余垃圾、有害垃圾、其他垃圾分成四类，并自觉对应投放到分类收集箱中，这是一项浩大的工程。

"首先要让大家知道垃圾减量分类，要怎么分，还要有人跟他一起分，形成共识和氛围，这项工作才能开展下去。"源头减量分类非常重要，相关负责人坦言，单靠政府投钱推动不是长久之策，容易导致资金充足时推一推，"断粮"时便无法开展工作的情况。

宝安区城管局决定一步一个脚印，把基础工作做实。将突破口放在老百姓减量分类意识培养上，加大宣传引导力度，从源头上推进垃圾减量分类工作。

◤ 地球发烧，我们要做"低碳族"

"低碳"是一种生活习惯，是一种自然而然的去节约身边各种资源的习惯，只要你愿意主动去约束自己，改善自己的生活习惯，你就可以加入进来。当然，低碳并不意味着就要刻意去节俭，刻意去放弃一些生活的享受，只要你能从生活的点点滴滴做到多节约、不浪费，同样能过上舒适的"低碳生活"。

哥本哈根气候变化峰会自 2009 年 12 月 7 日开幕以来，就被冠以"有史以来最重要的会议"、"改变地球命运的会议"等各种重量级头衔。这次会议试图建立一个温室气体排放的全球框架，也让很多人对人类当前的生产和生活方式开始了深刻的反思。

温室气体让地球发烧。200 多年来，随着工业化进程的深入，大量温室气体，主要是二氧化碳的排出，使全球气温升高、气候发生变化，这已是不争的事实。

有报告指出，近 10 年是有记录以来全球最热的 10 年。此外，全球变暖也使得南极冰川开始融化，进而导致海平面升高。

芬兰和德国学者公布的最新一项调查显示，本世纪末海平面可能升高 1.9 米，远远超出此前的预期。

哥本哈根气候变化峰会现场

"发烧的地球"

如果照此发展下去，南太平洋岛国图瓦卢将可能是第一个消失在汪洋中的岛国。

研究指出，地球发烧也给人类的健康造成了巨大的危机。

第一，过敏加重，研究显示，随着二氧化碳水平和温度的逐渐升高，花期提前来临，让花粉生成量增加，使春季过敏加重。

第二，物种正在变得越来越"袖珍"，随着全球气温上升，生物形体在变小，这从苏格兰羊身上已现端倪。

第三，肾结石增加，由于气温升高、脱水现象增多，研究人员预测，到2050年，将新增泌尿系统结石患者220万人。

第四，外来传染病暴发，水环境温度升高会使蚊子和浮游生物大量繁殖，使登革热、疟疾和脑炎等时有暴发。

第五，夏季肺部感染加重，温

环保屋顶

度升高，凉风减少会加剧臭氧污染，极易引发肺部感染。

第六，藻类泛滥引发疾病，水温升高导致蓝藻迅猛繁衍，从市政供水体系到天然湖泊都会受到污染，从而引发消化系统、神经系统、肝脏和皮肤疾病。

"低碳生活"虽然是个新概念，提出的却是世界可持续发展的老问题，它反映了人类因气候变化而对未来产生的担忧，世界对此问题的共识日益增多。全球变暖等气候问题致使人类不得不考量目前的生态环境。

人类意识到生产和消费过程中出现的过量碳排放是形成气候问题的重要因素之一，因而要减少碳排放就要相应优化和约束某些消费和生产活动。尽管仍有学者对气候变化原因有不同的看法，但由于"低碳生活"理念至少顺应了人类"未雨绸缪"的谨慎原则和追求完美的心理与理想，因此"宁可信其有，不愿信其无"，"低碳生活"理念也就渐渐被世界各国所接受。

低碳生活的出现不仅告诉人们，你可以为减碳做些什么，还告诉人们，你可以怎么做。在这种生活方式逐渐兴起的时候，大家开始关心，我今天有没有为减碳做些什么呢？

在北京的八达岭，一个碳汇林林场已经成形。如果你想抵消掉自己的碳排放，可以来这里购买碳汇林或种树。林业碳汇是通过实施造林和森林经营管理、植被恢复等活动，吸收固定大气中的二氧化碳，释放氧气，从而起到减少空气中二氧化碳的作用。比起少开车、少开空调，购买碳汇林的主意，受到更多人的欢迎。

与减排手段相比，林业碳汇措施因其低成本、多效益、易操作，成为减缓气候变暖的重要手段。

工业需要"减排"

 **迷你知识卡**

减碳兑换表

电视机：1 小时 0.966 千克

吹风机：1 小时 0.552 千克

洗衣机：1 小时 0.2898 千克

日光灯：1 小时 0.0414 千克

节能灯泡：1 小时 0.01173 千克

冷气机：1 小时 0.0621 千克

电脑主机：1 小时 0.1725 千克

笔记本电脑：1 小时 0.0138 千克

生活如何进入低碳？

使用传统的发条闹钟，取代电子闹钟，每人每天可以节省 48 克的二氧化碳排放；选择晾晒衣物，避免使用滚筒式干衣机，每天可以减少 2.3 千克的二氧化碳排放；用在附近公园中的慢跑取代在跑步机上的 45 分钟锻炼，这样可以节省近 1 千克的温室气体排放。

选择非电动牙刷将避免近 48 克的二氧化碳排放量；

用烤面包机烤面包，而不是用 15 分钟的烤箱，这样可以少排放近 170 克的二氧化碳；

用节能灯替换 60 瓦的灯泡，可以将产生的温室气体减少 4 倍；

购买使用节水型淋浴头，不但每分钟会节省 10 升的水，而且也将洗 3 分钟热水澡造成的二氧化碳排放量削减到一半。

"低碳"筷子

第4章 "低碳生活"
——小小努力,换来地球大改观

◤ "地球 1 小时"

"地球 1 小时"是世界自然基金会在 2007 年向全球发出的一项倡议:呼吁个人、社区、企业和政府在每年 3 月份的最后一个星期六熄灯 1 小时,以此来激发人们对保护

熄灯前后的雅加达

"地球1小时"

地球的责任感，以及对气候变化等环境问题的思考，表明对全球共同抵御气候变暖行动的支持。这是一项全球性的活动，世界自然基金会于2007年首次在悉尼倡导后，以惊人的速度席卷全球。

"地球1小时"旨在让全球社会民众了解到气候变化所带来的威胁，并让他们意识到个人及企业的一个小小动作将会给他们所居住的环境带来怎样深刻的影响——小小改变就可能成就巨大影响。

2008年3月29日，有35个国家多达5 000万民众参与其中，并证明了个人的行动凝聚在一起真的可以改变世界。

2008年3月29日晚上8时，新西兰第三大城市克赖斯特和南太平洋岛国斐济首都苏瓦"陷入黑暗"，由世自然基金会发起的"地球时间"环保活动由此开始在全球接力举行。这项活动旨在引起人们对气候变化的警惕。让所有的人明白：地球只有一个，如果让事态继续发展下去，地球将会毁灭。

本次活动指定参与城市之一的克赖斯特市的标志性建筑大教堂率

地球一小时宣传画

先熄灯，市长帕克主持了熄灯仪式。数百名当地民众还在大教堂广场观看了一部关注环保的纪录片。当地餐馆、酒吧点上蜡烛，举行烛光晚餐，商店也关闭了霓虹灯。数千个家庭也响应号召，当晚在家中使用蜡烛照明。

岛国斐济的"地球时间"活动更具特色。当地时间2008年3月29日晚上8时，苏瓦陷入黑暗，两名身着当地传统服装的"武士"点燃了火炬，并将火炬传递到苏瓦港。

熄灯前后的东方明珠电视塔

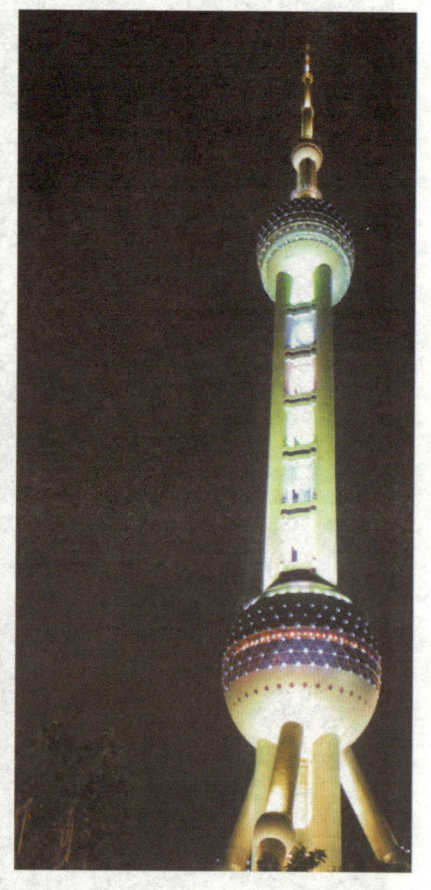

划艇爱好者接过火炬，在海里燃起了 100 只蜡烛，这象征着斐济所辖的 100 多个岛屿都面临气候变化的挑战。

随后，"地球时间"活动传递到澳大利亚。悉尼当晚 8 时只可见零星灯光。悉尼歌剧院熄灭了照着巨大贝壳状建筑的灯火，海港大桥也关闭灯光。当地活动组织者说，商业区 350 幢商业建筑中的 250 幢完全关闭灯光。

伴随着地球的转动，"地球时间"活动持续西行，陆续进入马尼拉、布加勒斯特、华沙、约翰内斯堡、日内瓦、中国北京、天津等多个城市的一些企业和机构也加入到活动中来。

由于时差原因，美国等美洲国家的城市接过了"地球时间"活动中的最后一棒。

2008 年 3 月 29 日在当地时间晚 8 时至 9 时，一向以灯火辉煌著称的美国大都市很多都暗了下来。

"地球 1 小时"不只是一个熄灯仪式。它旨在鼓励个人和企业减少二氧化碳排放，积极采取行动应对气候变化。对于节约能源、减少发电造成的温室气体和其他污染性气体排放或许只是杯水车薪。但是，由此激发的环保意识深入人心，化为思想，当思想化为行动，当行动变成习惯，那对于环保事业的贡献，将绝不限于数字。

◪ 环保部急令地方控污染减排放

近年来，从北京到天津，从河北到山东，从河南到广西，我国大范围的雾霾天气正在影响生活。北京、济南、石家庄、南宁等城市的各大医院里，呼吸内科、过敏源测试科等接诊人数在短短几天时间里飙升了 7 至 8 倍。

环保部要求各地以防治细颗粒物为重点，切实抓好大气污染防治工作。要在继续强化火电、水泥等行业二氧化硫、氮氧化物总量控制基础上，突出抓好工业烟粉尘、施工扬尘、挥发性有机物和机动车尾气污染治理工作，在重点地区建立最严格的大气污染物排放标准、特别排放

地球1小时传宣传海报

限值制度和新建项目污染物总量倍量替代制度。

京津冀、长三角、珠三角等重点区域要建立和完善区域大气污染防治联防联控机制，进一步增强区域治污整体合力。

根据空气质量监测结果和气象预报分析，我国华北、黄淮、江淮、江南等中东部地受雾霾天气的影响，多地遭受严重污染，对人民群众生产生活和身体健康带来不利影响。

环保部对此称，要落实重污染天气条件下的应急预案。要根据污染级别，建立响应机制，及时启动应急预案。鼓励企事业单位和社会公众共同参与减少污染物排放的行动，切实减轻污染对人民群众健康的不利影响。

◤ 争做"帕客"正当时

所谓"帕客"，即为认同"少用纸巾，重拾手帕"观念，倡导并实践"节约一张纸，保护一片绿"

让我们做"帕客"

和"绿色环保，低碳生活"理念的手帕使用者、手帕代言人和手帕设计者，是倡导"绿色品质生活"的一个特色人群，是一个富有活力，环境意识高，敢于承担绿色责任的族群。

"帕客"源于"手帕"但不限于"手帕"，它是为减缓全球气候变暖而倡导"环保从小事做起"的绿色符号和低碳象征，是日益蓬勃发展的绿色消费与低碳生活群体，是未来绿色和平与可持续发展的重要力量。

"帕客"概念的原创人是王合成先生。时间要追溯到2008年5月12日的汶川地震。

地震发生后，素来热心公益的王合成在考虑如何为灾后人们的心灵重建做点事情。恰巧王合成看了部日本老电影《幸福的黄手帕》，受电影里象征思念、祈福、盼望亲人平安的黄手帕情节的触动，王合成首先策划了"爱心手帕"的活动，自费印制了一批写有各种口号的黄手帕散发到灾区，鼓励大家恢复信心。

随着地震灾难逐渐从人们生活中淡去，"爱心手帕"的活动

幸福的黄手帕

也结束了。6月末的一个中午，天气炎热，王合成外出办事回到办公室，满头大汗却一下子找不到纸巾，便顺手拿起桌子上的一个黄手帕样品擦汗。手帕不但能把汗擦干净，而且还可以循环使用，同时用手帕时心中还会有一种久违了的时尚、优雅的感觉。为什么我们不用手帕？

于是他就专门开了一个博客，取名为"手帕博客"，后来觉得这个名字太长，也不适合传播，就干脆缩短为两字"帕客"，简单、响亮又好记。后来成立的网站也是用了"帕客"二字。

"帕客"，也是每一个使用手帕、支持环保的网友的共同名字。逐步倡导"少用纸巾，重拾手帕，低碳生活"核心理念，"不让世界上最后一棵树变成擦泪的纸巾"，成了"帕客"群的集体宣言。

咨询机构零点研究咨询集团2009年曾对北京、上海、广州、西安、武汉和成都6个城市的居民进行了调查。结果显示，96.6%的公众在过去一周中使用过一次性纸巾，平均每个人每天要使用一次性纸巾10.1张。

如果按一张纸巾的面积为21厘米×21厘米计算的话，把全国4亿多城市人口95天使用的纸巾全部铺开，其面积大约相当于一个北京市。

少用纸巾，重拾手帕

环保旅游

上海网上招募生态志愿者

为进一步推进野生动植物保护理念的传播、提升公众对湿地保护重要性的认识，在世界湿地日当天，上海市野生动植物保护协会及上海市野生动植物保护管理站正式设立生态志愿者中心，组建生态志愿者队伍。

今后，生态志愿者将在上海野生动植物保护工作中发挥种子与核心作用，引导周围的人们关注湿地保护，倡导低碳环保的生活方式。目前，网上志愿者申请方式已经开通。

湿地又被誉为"生命的摇篮"。它承载着众多野生动植物，特别是候鸟的越冬地、繁殖地和补给站，在40多种国家一级保护的鸟类中，约有二分之一生活在湿地中。湿地也为人类提供着水和食物。

据了解，上海拥有湿地总面积为3 263.29平方千米，约占上海总面积的40%，上海素有"建在湿地上的城市"之美称。上海地区绝大多数的特有、珍稀、濒危动物都在湿地栖息生存，湿地养育着全市近 70% ~ 80% 的野生动植物。上海湿地中有 2 处国际重要湿地、3 处国家重要湿地和 1 个国家级湿地公园。

雾霾会导致肺癌

全国人大代表、中国工程院院士钟南山认为，中国未来有发生新传染病的可能性，不过规模不会特别大。

他说，因为大陆、香港、台湾都接受了非典的深刻教训，对以空气、呼吸系统传染造成流行的传染病非常警惕，一般会将其控制在萌芽状态。

虽然发生大规模传染病的可能性不大，但钟南山提醒必须高度警惕雾霾的危害。他的初步结论是雾霾污染会对人体呼吸系统、脑神经系统、心血管系统等产生威胁，特别是会导致肺癌，"再像这样发展下去，肿瘤可能成几何基数增加！现在要预测到未来会发生这种情况，

环保出行

及早采取措施。"

骑自行车成法国新时尚

这两年低碳生活在法国正成为新的时尚。这里既有政府各种奖励节约、限制浪费等措施的功劳，也有民众环保意识提高等因素的作用。

2009 年在巴黎市中心巴士底广场举行的第五届巴黎交通节上，一家网站在现场大力推介拼车服务，并派发环保购物袋，受到众多参观者的欢迎。

网站为需要拼车的人提供了一个方便、快捷的交流平台，只要在线注册，再输入路线，人们就能很快找到志同道合者。在经济和环保因素的双重作用下，近几年该网站的业务有了飞速发展，越来越多的年轻人都愿意选择拼车这种经济、节能的出行方式。

绿色旅游正在吸引越来越多法国人的眼球，尽管近两年来参加绿色旅游的法国人只有 25 万人次，但

骑自行车成时尚

环保旅游项目不断增加，如环保宿营、无车度假等。

在法国东南部德龙省的绿色旅游中心，游客们可住在树林中的小屋、帐篷和用环保材料自建的房屋里。这里更像是一个农场、学校或绿色技术实验室，游客们可在这里实践和交流各种技艺，制砖、挤羊奶、烤面包、种菜等技能都可在这里学到。这里每天生产的食物足够80人食用，还能自给自足地发电。

在汽车以外，政府还重视宣传"零排放"自行车的种种好处。2007年，巴黎为减少交通工具排放污染，推出"单车自由骑"活动，印有 Velib 标志的自行车及出租站点正成为法国首都的一道独特风景线。目前，遍布全市的 1 451 个租车点已有 2 万辆自行车供民众租用。

◪ "英国最牛环保家庭"

史特劳斯夫妇的三口之家堪称英国"最牛环保家庭"。过去12个月中，他们严格坚持一套环保生活模式：在家中安装太阳能面板，自己种菜，重复使用塑料袋，将厨房垃圾用于积肥，就连废弃的木制马

环保用餐

环保办公

桶垫圈也用来当柴烧。一年下来，他们全家制造的垃圾总量只有区区一小桶。

种菜积肥装太阳能面板。他们自备环保购物袋和容器上街购买生鲜食材，每回购物时总要仔细研究包装材料是否可回收，并且只买需要的东西。此外，史特劳斯夫妇开始在家中种植甘蓝，而厨房的下脚料则成了最好的肥料。

但凡家中能回收、再使用的物品，他们从不放过，就连厕所的木

制马桶垫圈坏了，也要送进炉子当柴烧，以便为家中提供暖气。为了补充电力，史特劳斯家的屋顶上还安装了太阳能电池面板。

平均每周垃圾几十克。史特劳斯一家坚持把每星期制造的垃圾量用秤称过，然后公布在网上。平均下来，他们每周的垃圾量不到57克——相当于3汤匙白糖的重量。即使是圣诞节，这一家人制造的垃圾也仅有185克，主要是无法再回收的塑料包装袋。作为一个"绿

在家远程办公

色家庭"，他们还拒收一切垃圾邮件。

绿色环保

史特劳斯太太表示："虽然刚开始做时我们也感觉很别扭，可是现在早已适应了这种生活方式。比如我女儿很喜欢吃油炸的

小零食，这对于我们减少垃圾的目标是个麻烦。于是现在她每次买回一大袋，再把吃剩下的装入一个密封容器之中，这样便可以减少许多包装物。我们整整花了18个月时间，才达到现在的低排放水平。如果每个家庭都为环保作出努力，那么对于整个地球将是极大的改观。"

◤ 国外最科学的 8 种低碳生活方式

美国电影演员埃德·贝格利乐于为地球母亲做出牺牲。他的住房只有两间卧室，用好莱坞的标准衡量当属袖珍型之列。屋顶装有太阳能电池板，用来给电动车充电，加热收集起来的雨水。他痴迷于制作堆肥，也弄得清哪七种塑料是可回收的。

他在自家花园种菜，用太阳灶烧饭。他喋喋不休地数落妻子的浪费行为。在 HGTV 电视台的真实生活秀中，埃德居然拿秒表为洗淋浴的女观众计时。

如果可以从中收获满足感，而且不至于让家人发疯，那么这种生活方式还是无可挑剔的。节约能源是好事，减排温室气体也并不复杂，只需放松心情，略施小计。

放弃无谓旅行

坐在家里的扶手椅而不是飞机的座位上，这是大幅减排温室气体最简单的方法。一次单程国际旅行产生的二氧化碳相当于一个家庭

驾驶节油车型

（包括汽车）一年的排放。除了喷出二氧化碳，飞机还会散发水蒸汽和其他温室气体，如氮氧化物，有人估计其危害性可能两倍于二氧化碳。据美国环保协会计算，一架航程4 000英里的国际往返航班，每乘位客产生约8 000万千克二氧化碳，大致相当于一个普通美国家庭每人每年驾车、供热、用电的排放。

雇人密封住宅

想让房屋密不透风，当然可以亲自下手，不过偷个懒也未尝不可，派给别人去做就是，长远而言这在财务上仍具胜算。单是密封一下门窗等处，每年节省起码100美元，减少二氧化碳排放至少 1 000磅。家中使用保温绝缘材料可以加倍节省。

在家远程办公

美国官方对乘坐公交车上下班有不少鼓励政策，像专用共交车道和高额公交补贴，可是近几十年来驾车族的比例还是在上升，毕竟工作和家庭需要兼顾，而越来越多的工作迁到了郊区甚至更远。

自1980年以来，在家使用与单

环保"减排"型汽车

回归自来水管

位连接的计算机终端进行工作的增加了40%以上。如今有400多万美国人在多数时间内进行的是远程办公，有近2 000万美国人每月至少在家工作一次。在美国的多数大都市区域，远程办公者超过了坐公交车上下班的人。每人每周远程办公一天，每年可减少400磅排放物。

驾驶节油车型

选择合适的车子是件棘手的事情，例如，如何在燃油效率与安全、

便利等其他因素之间达成平衡？不过花上几小时研究一下，就可以节省数千美元，一辆好车在整个寿命周期里可以减排二氧化碳数万磅。

美国学者兰德尔·奥图尔认为，就社会层面的去碳策略而言，鼓励公共交通莫若让人们驾驶效率更高的汽车来得明智。他认为，每天往返上下班的人，切换到混合车型或者柴油车型，比改乘公交车更划算、更节能。根据他的测算，丰田Prius车的单人每英里碳排放比纽

约地铁和旧金山捷运列车以外的所有公交系统都低。

使用巡航控制

保持轮胎合理充气，可以提升单位油耗里程3%，普通司机每年可减少二氧化碳排放约250磅，开启巡航控制系统则可令改善效果加倍。实验发现，使用巡航控制可降低单位里程油耗7%。例外情形：在典型的丘陵地形巡航控制会更费油。安装新的"自适应巡航控制系统"节油更多。该系统利用雷达或者激光，可与其他

车辆保持安全距离。使用该系统的司机越多，车流运行就会越顺畅，从而减少交通堵塞，进一步降低燃料消耗。

给热水器降温

把热水器的温度降到50℃，用冷水或者温水而不是热水洗衣服，就能轻易省下钱来，每年还能减排二氧化碳数百磅。把用过10～15年的热水器换掉，还可以节省更多。

不要手工洗碗

把这项工作留给专家：洗碗机。只要做到满负荷运转，用水不及手工洗碗的三分之一。碗盘装进洗碗机以前可以稍加擦拭，但是不要以水冲洗。

回归自来水管

不要从商店购买瓶装水。大多数地方的自来水足够安全，而且更便宜、更便利。每星期用自来水代替两瓶外购水，意味着一年可以减少将近500磅的二氧化碳排放。

尽量减少手工洗碗

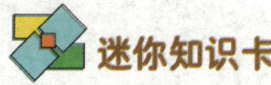 **迷你知识卡**

斐济

位于南太平洋，瓦努阿图以东、汤加以西、图瓦卢以南。该国的群岛共包括了322个岛屿，面积1.83333万平方千米，当中106个岛屿为有人居住，另有522个小岛。当中维提岛和瓦努阿岛两个主要岛屿的人口占全国的87%。经济以农业、渔业、林业、制造业、矿产业、资讯与通讯产业、影视工业为主。

零排放

应用清洁技术、物质循环技术和生态产业技术等已有技术，实现对天然资源的完全循环利用，而不给大气、水和土壤遗留任何废弃物。

指无限地减少污染物和能源排放直至为零的活动：即利用清洁生产及生态产业等技术，实现对自然资源的完全循环利用，从而不给大气，水体和土壤遗留任何废弃物。

斐济

第5章 "低碳城市"长什么样儿?

■ "低碳城市"迅速"蹿红"中国

所谓"低碳城市",是指在经济高速发展的前提下,城市保持能源消耗和二氧化碳排放处于低水平。在全球环境危机和中国能源紧张的宏观背景下,建设"低碳城市"在国家节能减排的新形势下会产生放大效应。

发展低碳城市各方面之间的联系

太阳能

　　如在城市非主干道路、广场、办公楼公共空间、庭院、公园等地方可采用太阳能照明；在宾馆饭店、洗浴中心采用太阳能加电辅助热水系统；地源热泵、水源热泵的应用，垃圾填埋场的填埋气体回收利用等。

　　气候组织的报告认为，在以"低排放、高能效、高效率"为特征的"低碳城市"中，通过产业结构的调整和发展模式的转变，低碳经济不会放慢经济增长，反而会促进经济的新一轮高增长，并增加就业机会，改善生活水平。

　　2008 年初，中国建设部与WWF（世界自然基金会）在中国大陆以上海和保定两市为试点联合推出"低碳城市"，"低碳城市"迅速"蹿红"，成为中国大陆城市自"花园城市"、"人文城市"、

"魅力城市"、"最具竞争力城市"……之后的最热目标，该目标将具有长期的特性。

以积极应对气候变化这一全球环境问题。低碳城市将成为城市品牌的新高标。

2009年1月14日，气候组织说，未来3至5年内，该组织将在中国发展15至20个"低碳城市"，在这些城市探索并建立低碳经济发展模式，以推动降低二氧化碳排放，应对气候变化。

"低碳城市"的内容包括：在城市化进程中以低排放、高能效、高效率为特征来进行"低碳城市"的规划设计与建设；通过产业结构调整和发展模式转变，使低碳经济最低限度地影响经济增长，平衡经济增长，增加就业机会；制定生态城市建设战略规划，推动地方政

未来低碳城市的规划图

府、金融企业通过政策激励和融资支持，驱动技术创新和资本流动，在城市中推广能有效节能减排的低碳技术。

在一年四季阳光充足的城市，应该大力推广太阳能综合利用，包括太阳能的热利用和光伏利用，对新建住宅小区要实行统一安装太阳能热水系统，对采光或照明要求不高的公共场所或部位采用太阳能LED技术。

"爱护地球"宣传画

低碳出行

地源热泵技术适用的范围和地区更为广泛，北方城市，特别是集中供热无法覆盖的地方，可以利用地源热泵技术来供热、制冷和提供生活热水，南方城市可以用地源热泵技术来制冷。

对生活垃圾采用卫生填埋的城市，如果填埋规模达不到垃圾堆体，即高度达到 15 米、体积达到 150 万立方米这一水平，可采用敷

管、排放、点燃的技术；对于达到一定规模的垃圾堆体，高度达到 15 米以上，体积达到 150 万立方米以上，要考虑填埋气体发电等回收利用措施。

日本筑波建低碳环保的"机器人城市"

机器人在日本社会的未来视野中占据一个重要位置，日本的科幻

日本筑波市

"绿色出行"

电影、小说和漫画所描述的未来生活里，机器人都是不可或缺的元素。如今，在东京都东北约50千米的筑波，一个"机器人城市"正悄然兴起，这里的人们致力把最先进的机器人技术实用化，并以此为基础建设低碳环保的新型城市。

筑波市作为科学城，集中了大批研究机构，拥有雄厚的科研实力。当地政府在2008年开始筹备建设"机器人城市"，希望利用先进的技术建设低碳环保且出行方便的人性化社会，并将筑波发展成机器人产业基地。

日本在老龄化、生育率降低、人口减少等社会课题日益严峻的情况下，社会各界也期待利用机器人技术来解决这些问题。现在，高楼清洁机器人、老年人辅助用餐机器人等已逐渐进入人们的生活，今后，机器人的利用领域将进一步扩大，在不久的将来，有望发展成一个巨大的产业。

"绿色出行"是各国研究可持续城市发展模式的重要课题之一，因此筑波市目前已将"出行辅助机器人"作为开发重点。经过多年的规划和发展，2011 年 6 月正式开始进行"出行辅助机器人"的公路行走实验。

目前在筑波市开展实验的"出行辅助机器人"共有 4 款，其中的两款站立搭乘型机器人分别由美国和日本的公司制造。两款机器人外观结构都很简洁，配有手柄和两个轮子，且完全由电力驱动，可搭乘一个人。

在约一个月的测试时间里，8 名当地市政府职员参与了相关的实验，对比了这些机器人与普通交通工具的出行效果。结果发现，居住地离工作场所约 20 千米的职员，如果开车上下班，每年要排放约 1 520 千克的二氧化碳，而利用城铁和出行辅助机器人上下班，相应的排放量将减少 88%。

目前，日本人年均二氧化碳排放量达 1 万千克多，单是利用这种新的交通出行方式上班，就能削减 13.5% 的二氧化碳排放量，具有巨大的减排效果。今后，如果出远门

出行辅助机器人

利用公共交通工具，短途利用出行辅助机器人，就能朝"绿色出行"的目标迈出一大步。

利用机器人技术，能更好地实现低碳的可持续都市发展模式。

丹麦打造自行车之城

丹麦首都哥本哈根是低碳城市的楷模之一，市政府大力发展城市绿色交通，并出台了包括使用 LED 节能路灯在内的 15 项政策。其中，重点计划将风能作为电动汽车和氢

丹麦首都哥本哈根街头

气动力汽车的充电来源，并为这类车提供免费停车优惠。计划至 2015 年，全市 85% 的机动车以电或氢气为动力。

另外，作为国际自行车联盟命名的世界首个"自行车之城"，哥本哈根极力推行"自行车代步"。市内所有交通灯变化的频率都是按照自行车的平均速度设置的，反映出对自行车的重视程度。在建筑规划上，该市也尽可能减少对交通工具的依赖，使人们通过步行或自行车就能方便到达目的地。

英国是低碳城市规划和实践的先行者

英国：引进碳价格制度

英国是低碳城市规划和实践的先行者。为了尽快向低碳经济转型，英国的碳信托基金会与能源节约基金会联合推动了低碳城市项目。

该项目的三个首批示范城市的规划重点是在建筑、交通领域推广可再生能源、提高能效、控制能源需求，促进城市总的碳排放降低。各种措施的制定、实施、评估都以碳排放减少量为标准，同时强调技术、政策、公共治理手段相结合。

"电动交通"放眼全局

首都伦敦在低碳城市建设方面起到了领跑者作用，市政府积极改变居民出行方式，加大对公共交通、步行、自行车系统的投资，鼓励低碳交通和能源。

为降低地面交通运输排放，伦敦引进碳价格制度，根据二氧化碳排放水平，向进入市中心的车辆征收费用。此外，伦敦还积极在市场上投放电动汽车，计划成为"电动车之都"。

德国："电动交通"放眼全局

在德国，各方普遍形成的共识是电动车问题不是汽车工业自家的事情，而是需要整个社会积极参与的重大事务，仅仅靠汽车工业本身无法完成此次变革。

德国强调"电动交通"整体解决方案，它包括五大环节：能源结构、电力输送网络、充电及相关基础设施、电动车新概念、"新电动经济"的循环发展。这五大环节中，只有一个与电动车本身有关。

此外，德国政府的"电动交通"项目促使三大汽车厂商和三大电力企业分别配对开展合作研究，力争实现电动车技术的整体突破。

俄罗斯：探索节能发展新道路

由于石油、天然气储量丰富，

俄罗斯曾长期缺乏节能动力，对建设节能型经济没有给予足够重视。由此导致的经济能效低，成为俄罗斯企业在国际竞争中的重大劣势。2009年11月，俄罗斯在第24次欧盟——俄罗斯首脑会议上同意，到2020年俄罗斯的温室气体排放量将在1990年的基础上减少20%至25%。目前俄罗斯节能效果已经初步显现。

美国：反思节能环保矛盾言行

多数美国人认为节能环保非常重要，但只有极少数美国人能在实际生活中真正做到节能环保。美国学术界对此进行了调查和反思，并检讨了目前美国政府发展低碳经济的措施。

美国耶鲁大学和乔治·梅森大学不久前完成的一项调查发现，81%的美国人认为应该重复使用购

"低碳"农产品宣传画

"低碳"蔬菜

物袋，但能够"经常"或"持之以恒"做到的人只有 33%；76%的人认为以步行或骑自行车取代汽车非常重要，但长期坚持这样做的人只有 15%；72%的人认为使用公交或搭伴驾车非常重要，但长期实践的人只有 10%。

◤ 日本消费者购"低碳"农产品

日本瑞穗综合研究所日前公布的一项调查结果显示，超过50%的日本消费者愿意购买获得认证的"低碳"农产品。该研究所对日本国内 20 岁以上的女性进行了调查，这一人群是购买农产品的主要群体。

在 2 062 名被调查者中，71%的人认为"有必要"实施"低碳"农产品认证制度，有 53%的人愿意购买获得认证的"低碳"农产品。

该研究所还以大米、西红柿和甜瓜为例，调查了消费者能够接受的"低碳"农产品的价格水平。结果发现，消费者愿意接受一定幅度的价格上涨。如假设农产品生产过程中的二氧化碳减排量达100%，消费者愿意接受：大米价格上涨24%，甜瓜价格上涨 22%，西红柿价格上涨 15%。

这个调查结果证明了"低碳"农产品具有的附加价值，农业从业人员值得为二氧化碳减排作出努力。

◪ 探秘世界上最纯净的城市

作为"世界最北首都"，雷克雅未克却不见想象中的寒冷，相反，比北欧国家其他首都如赫尔辛基、奥斯陆、斯德哥尔摩甚至更南边的哥本哈根都要温润一些。原因是它地处冰岛西南法赫萨湾的塞尔蒂亚纳半岛上，受到北大西洋暖流的很大影响。

雷克雅未克有两个貌似意思截然相反的名称。一方面，它在冰岛语里是"冒烟的海湾"之意——传说公元 870 年人们最初来此定居时，远远地看到岸上升起袅袅"白烟"，就给了它这个名字，其实是把遍布冰岛的地热资源那蒸腾的水汽当作了烟雾。

有意思的是，这个被误称为"冒烟城市"的地方，如今却是名副其实的"无烟城市"，原因同样来自地热。

冰岛人早在1928年就在雷克雅未克建起了地热供热系统，经过80年不断地钻探、扩建，并采用最先

雷克雅未克

进的技术，如今已在全市铺设了370英里长的热水管道，为居民提供热水和暖气，也为不多的一些工业提供能源，因此这里几乎没有污染，是真正的"无烟"和"低碳"城市。

这么好的环境，无怪乎冰岛人以长寿著称，冰岛女性更是世界上最长寿的，平均寿命达到了80岁。

雷克雅未克人口不多，只有十来万。对照纽约、东京、上海之类千万人级的"超级都市"，简直难以想象这点人怎么构成一个首都级别的城市。

然而它显然有着一个真正的首都级大城市的"派头"，作为冰岛的政治、经济、文化中心，它"麻雀虽小，五脏俱全"，首都应有的重要建筑一应俱全——议会大厦、总统府、国家剧院、国家博物馆、大教堂、市政厅、大学、邮政总局等。

雷克雅未克基本上没有高层建筑，而且大多数房屋都像北欧的海滨市镇一样，外立面被涂成红绿黄蓝的亮色，更以皑皑雪山为背景，完全没有超级大都市那种钢筋水泥森林的灰暗和压抑感。

雷克雅未克人最好的休闲场

雷克雅未克基本上没有高层建筑

所，当然是离城区 40 分钟车程的蓝湖温泉。这里不仅有世界上最好的露天温泉浴场，还有桑拿、SPA、餐厅、特色产品卖场等各种设施，足够你在这里舒舒服服地放松一整天。

蓝湖方圆 3 千米，位于一座死火山上，被一片黑色火山岩所环绕。蓝湖其实不是一个天然温泉，而是冰岛利用地热资源的"副产品"。蓝湖的旁边就是一家大型地热发电厂，发电厂的三根巨大烟囱是冰岛著名的地标。

在这里，海水经过地下高热火山熔岩层吸收热量，变成 160℃的水蒸气，用来发电，而后"废水"便流入死火山口，形成蓝湖，因此蓝湖是少见的咸水温泉。经过这样的"过滤"，蓝湖的水中就富含矿物，被医学家认为有很强的医疗保健价值。

蓝湖因湖底蕴藏了大量的矽，终年呈深蓝色，因而得名。蓝湖的水温为 35℃~38℃，即便在雪花纷飞的冬季，湖面依旧热气弥漫，身处其中有恍若置身仙境之感。

蓝湖温泉

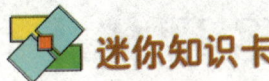 **迷你知识卡**

中国十大低碳城市

大连、三亚、贵阳、南昌、杭州、无锡、南宁、保定、厦门、长春。

LED

LED 英文单词的缩写，LED＝Light Emitting Diode，发光二极管，是一种能够将电能转化为可见光的固态的半导体器件，它可以直接把电转化为光。

地热资源

地热能是指贮存在地球内部的可再生热能，一般集中分布在构造板块边缘一带，起源于地球的熔融岩浆和放射性物质的衰变。全球地热能的储量与资源潜量十分巨大，但是地热能的分布相对比较分散，因此开发难度很大。由于地热能是储存在地下的，因此不会受到任何天气状况的影响，并且地热资源同时具有其他可再生能源的所有特点，随时可以采用，不带有害物质，关键在于是否有更先进的技术进行开发。

三亚

第6章 古代七大低碳设计 VS 现代十大绿色建筑

1. 古代七大低碳设计
2. 无锡开展万家企业低碳行动
3. 治大气污染需建专项资金
4. 现代十大绿色建筑
5. 最节能减碳的自然史博物馆

◤ 古代七大低碳设计

从 80 万年前人类使用生物燃料开始，我们已经走过了漫长的道路。绿色设计、可持续创新、可代替能源——这些近年来被热烈讨论的话题所涉及的概念其实都可以追溯到上万年前。

风塔

古代中国人用太阳能的方法生火造热，美国土著人利用温泉这种可再生的地热资源来烹饪和治疗，还有种猜测，古埃及人是借助风力建造的金字塔。从希腊、罗马到波斯、北美，这七处古老时代的遗迹创造性的使用地热、水力、风力和太阳能，令今人为之赞叹。

古代波斯风车

已知最早的风车设计可以追溯到 3 000 年前的古代波斯，那里的人们曾经使用风车碾磨粮食和抽水。将芦苇捆绑在一起做成相互垂直的浆，使其围绕一个中心轴旋转。小心地放置外墙，从而确保风力能驱动潜在双向系统向预期的方向移动。

当然，在航海中使用风力发电早于风车的发明，但是这些风车是已知最早使用风力用自动替代手工进行日常劳动的装置。

古代波斯风塔

波斯也是一种最为复杂的通风冷却系统的诞生地，这种已存在 2 000 多年的系统设计简单高效，甚至可以与现代高科技的同等设备相媲美。将空气压差、结构取向和活水结合使用，这种风力捕捉器有助于在苛刻的沙漠环境下调节日夜温度。

古代罗马重力水渠

罗马人很多著名作品都是庞大、精致的建筑和工程，其中一项

风车发电

古代波斯风车

重力水渠至今仍在使用。这些水渠已不仅仅是古代管道奇观，它们还是早期使用可再生水力进行工业生产和生活的范例。古罗马人已掌握水力采矿技术，水被用来勘测、碾压、清洗矿石。

古代耶路撒冷灰水管道装置

古城耶路撒冷坐落于高海拔、远离地表水的位置，一万五千年以来，那里的人对地下水和其他难以获取的隐蔽水源相当依赖，现在那里仍存有公元前12世纪建造的地下管道。

水资源再利用系统是随着城市的发展而发展的。污水被保存在水槽中并用来冲洗废物，这很像当今的下水道，但它还能在节水灌溉的同时保存过滤的微粒为周围土壤提供肥料。

古代罗马的保温浴缸

古罗马人用地热能源直接为水加热来沐浴和取暖，特别是在像声名狼藉的庞贝那样的城市里。这些热能工程局限在特殊的位置，如维苏威火山周围有接近地表热岩浆存在的地区。罗马人还使用热力差制造冰，在开凿的凹面灌满水并在白天盖住，晚上就会结冰了。

古代希腊城市

就像当今西方世界一样，古希腊人燃料短缺，所以他们开始思考怎样设计建筑以最大限度的在冬季获取并保存热量。他们开始为整座城市和其中的建筑物定向，这样朝南向的房屋能在一年最冷的时候捕捉阳光。罗马人最终还进一步改进房屋，给窗户加装玻璃以保持聚光所得到的热量。

美国土著悬崖屋

所谓悬崖宫殿在美国科罗拉多州梅萨维德国家公园，它是北美同类型悬崖屋中最大的。曾经居住在那里的人以多种方式围绕太阳生存。聚落上方巨大岩壁提供的太阳能防护只是一个范例。他们还为了实用和宗教目的在关键位置(如二至点)筑造建筑物作为特点时间的太阳

能指示器。

无锡开展万家企业低碳行动

2012年，无锡全年单位GDP能耗下降 5%左右，超额完成江苏省下达无锡市节能目标任务。在全省每季度公布的节能预警三色调控中，无锡一直保持着绿灯状态。

无锡市经信委有关负责人介绍，2012年在全市建立节能改造项目库，入库项目达 608 项，投资额102.4 亿元，节能量达到 10.13 亿千克标准煤。

同时，积极推进清洁生产审核

古代罗马重力水渠

和循环经济发展，200 多家企业通过了清洁生产审核验收，组织实施了 23 项燃煤工业炉窑节能技术改造，完成淘汰燃煤炉窑 226 座，并且率先列入国家首批工业能耗在线监控试点城市。

无锡市经信委有关负责人透露，2013 年将把重点放在加强节能监管和强化政策引导上，建立"感知能效"监管、绿色产业推进等多项体系，引导企业和社会资本更大力度和范围投入各个节能领域，加强"两型社会"和生态文明建设，全面开展"清洁能源区"建设，确保到 2015 年万元 GDP 能耗比"十一五"末下降 20%。

◤ 治大气污染需建专项资金

随着工业化、城镇化步伐的加快以及人们生活消费水平的不断提高，我国大气污染已由传统的煤烟型向工业废气、机动车尾

古代希腊城市

气、扬尘、挥发性有机物等叠加造成的复合型污染转变，细颗粒物超标等因素导致的灰霾污染日益加重。

目前，我国还没有针对大气污染治理的专项资金，对大气污染防治的投入远不能满足治理工作的现实需要，建立大气污染防治专项资金，将治污经费列入财政预算，加强对重点行业除尘提标改造、挥发性有机污染物治理、机动车排气污染防治等工作的扶持力度。

◰ 现代十大绿色建筑

在人类发展史上，没有哪一个时代的人们比当今时代的人们更加注重可持续发展。为了我们自己，也为了我们的子孙后代，我们必须携手共同改变旧的生活方式，设计师们应该建造更多生态建筑以发展生态产业。

以下是 10 个巨型绿色建筑设计，通过打造新型城市、新型社区和新型建筑解决淡水缺乏等当今世界面临的最紧迫问题。

迪拜太阳能垂直村

迪拜是一个充满创造性的国家，一座又一座令人难以置信的建筑在这片土地上拔地而起。除了沙子和创造性外，迪拜还拥有什么丰

古代罗马重力水渠

泡泡形淡水工厂

富的资源吗？答案自然是充足的日照。

格拉夫特建筑设计事务所设计的垂直村落便充分利用了这种优势。建筑表面与太阳能收集器呈特定角度。太阳能收集器位于这个多功能建筑群的南端，装有自动旋转枢轴，可让日照时间实现最大化。

西班牙泡泡形淡水工厂

这家淡水工厂由一系列堆叠在一起的生物圈构成，从外观上看，它好像是一堆肥皂泡。这是一座怪异的高塔，其玻璃圆顶结构扮演着至关重要的角色，能够利用红树过滤海水以获取淡水。红树可吸收咸水中的物质并渗出淡水。宝贵的淡水钻出红树体外后蒸发并凝结成露水，工厂内的淡水池则负责收集露水。

太阳能垂直村

土耳其 One&Ortakoy 建筑群

One&Ortakoy 建筑群

这个名为"One&Ortakoy"的多功能建筑群位于土耳其的伊斯坦布尔。它拥有弯曲的有机形态以及被绿草和鲜花覆盖的起伏屋顶，与所在的美丽山区融为一体。这个建筑群位于奥尔塔科伊附近地区，现正在建造之中。它由两座建筑构成，正面使用天然石头打造。其中一座是住宅建筑，另一座则是商用建筑。

法国绿屋顶中学

马塞尔·塞姆巴特中学位于法国索特维尔·莱·鲁昂地区，紧挨着一家公园。这所中学巧妙地与周围的绿草和树林融为一体，让人们

土著悬崖屋

几乎看不到它的存在。它的扩建项目由一家餐馆、学生宿舍、员工宿舍以及工作坊构成，绿色屋顶波浪起伏，能够起到天然的隔热作用。

苏丹摩天水塔

在面积广阔的苏丹沙漠，淡水成为最宝贵的资源之一，获取淡水的难度超乎人们想象。有意思的是，沙漠地下深处也隐藏着世界上最大的地下湖，如果能够有效加以利用，当地居民的生活便会发生翻天覆地的变化。

波兰一家建筑事务所提出了一种解决之道，即建造外形好似当地猴面包树的水塔群并利用地下泵抽水。水塔内建有一个水处理厂、一所医院、一所学校以及一个食物储藏中心。

集雨摩天楼

如何让建筑在最大程度上收集雨水？这家事务所设计的集雨摩天楼可能给出答案。借助于覆盖整个外部的水槽网，雨水将直接流入一个处理厂。

处理后获得的生活用水可用于冲马桶、洗衣服、其他清洗工作以及浇灌植物。根据他们的设计，摩天楼的皮肤与屋顶上一个巨大的碗状雨水收集设施结合在一起，在最大程度上获取雨水。

法国绿屋顶中学

法国第戎多功能生态区

生活在一个充满绿色的社区从垂直花园和绿色屋顶到自行车道和生态友好型运动场，所有这一切都毗邻市中心将是怎样一番景象。

在世界范围内，类似这样的生态区设计正如雨后春笋般出现，其中就包括法国第戎的多功能生态区，成为第戎未来类似开发项目的效仿对象。

英国萨里地下绿化带酒店

英国萨里赫斯哈姆高尔夫俱乐部的地下五星级酒店由ReardonSmith建筑师事务所设计，酒店内建有豪

绿化带酒店

可持续城市

华温泉会所以及高尔夫设施。为了防止不必要的土地开发，英国建立了绿化带。通过栖身地下这种方式，这家五星级酒店满足了有关城市发展的限制条件。

此外，这一设计也同样能够降低对交通流量的影响。由于地上建筑栖身于现有林地之内，附近当地居民的视野不会受到影响，可以尽情欣赏那不可触摸的自然景色。

马斯达可持续城市

马斯达是一座现代大都市，它的每一条街道、每一家商店以及每一个街灯都将具有可持续性。通过这种方式，它可能成为未来城市发展模式的一个先行者。

已在规划之中的马斯达城由阿布扎比 LAVA 建筑设计事务所设计，将成为一个零废物和零碳排放社区。

城内住宅、商业和娱乐设施全部坐落于一个巨大的广场周围，这一设计旨在成为世界其他城市可持续发展的一个典范。

巴西巨型发电塔

RAFAA 建筑设计事务所为

2016 年巴西里约热内卢奥运会设计的"太阳能城市塔"可在白天利用太阳能发电，日落后再利用抽蓄水系统发电。它的最大亮点当属一个又大又高的瀑布，好像来自天空，给人一种超现实的感觉。

发电塔将为奥运会提供大量电量，象征大自然力量的瀑布倾泻而下场面只在特定场合时出现。

最节能减碳的自然史博物馆

在全球各地蜂拥而起推动的环保、生态可持续的绿建筑及一片节能减碳的呼声中，2008 年 9 月，加州科学博物馆面世。这座目前全球排行前 10 名的自然史博物馆，也是美国最新的博物馆之一，耗时 10 年，耗资 4.8 亿美元，它比一般建

巴西巨型发电塔

古代西腊城市

筑环保70%，全球至今仅有70栋建筑达到这一标准。建筑本身充分落实了该馆提醒人们对环境的关怀，以及与大地和谐共生及对话的理念。

意大利知名建筑师先将原来散落在金门公园内12间建筑物内的300位博物馆员工以及2000万件自然史标本全部容纳在绿草如茵的半圆形生态屋顶之下。

博物馆的主体为两个巨大的圆球体——天文馆及热带雨林，两球体内侧各以北加州海岸及菲律宾珊瑚礁来搭配阳光四射的中央广场。

两球体的外侧为开放式的特展区，目前正在展出"生态变化：加州气候的变迁"特展，该主题为生物多样性。观众一旦搭上热带雨林的电梯往上升，现场可顺便观赏电梯外鸟儿及蝴蝶飞翔的实景。

在玻璃屋顶参观之后，观众可到楼下一层水下世界，以及一楼珊瑚礁及北加州海岸向地下一层延伸展示区。水族馆内装有100多只放有鱼群、爬行动物、两栖动物、昆虫和其他无脊椎动物的水箱。每小时一次，水箱内的光线会自动暗淡，整个房间瞬间转变成360度的投影剧场。

在长满了加州本地植物的生态屋顶，观众在此可闻到野花的芳香，也是本地鸟类、蝴蝶和其他本地野生动物筑巢之地。这种生态隔热板大大减少了空调所耗费的能源。有别于一般博物馆大半被紧密的装潢设计覆盖和使用大量的灯管，该馆90%的空间是运用自然光源，大量降低电量使用以及电灯所产生的热量。

博物馆内的另一项巧思为暖气从地板内吹送出来，可节省10%的电费。博物馆的支柱为再生钢材，隔缘层则采用再生的蓝色牛仔布，又可省下30%～35%的耗能。

加州科学博物馆

迷你知识卡

庞　贝

　　庞贝城是亚平宁半岛西南角坎佩尼亚地区一座历史悠久的古城,西北离罗马约240千米,位于意大利南部那不勒斯附近,维苏威火山西南脚下10千米处。西距风光绮丽的那不勒斯湾约20千米,是一座背山面海的避暑胜地,始建于公元前6世纪,公元79年毁于维苏威火山大爆发。但由于被火山灰掩埋,街道房屋保存比较完整,从1748年起考古发掘持续至今,为了解古罗马社会生活和文化艺术提供了重要资料。

迪　拜

　　迪拜是阿拉伯联合酋长国人口最多的酋长国,从面积上计算是继阿布扎比之后第二大酋长国,迪拜与其他阿联酋的酋长国的不同处在于石油只占GDP的6%。大多数的收入来自杰贝阿里自由区,现在更多从旅游收入。迪拜市是阿拉伯联合酋长国最大的城市,也是中东地区的经济和金融中心。

美丽如画的迪拜

第**7**章 和低碳有关的新鲜事儿

1. 光导照明是绿色的低碳照明
2. 江苏将全面推行黄标车区域限行
3. 稀土是绿色照明的新希望
4. 低碳办公是一种生活态度
5. 从不插电到自发电
6. 从零飞行到低碳出行

◤ 光导照明是绿色的低碳照明

阳光，是万物生长的源泉，明媚的阳光下，一切都那么生机勃勃。在室外或者室内阳光能照射到的地方，我们可以轻松享受日光带给我们的光亮与温暖。但是，阳光

阳光下的植物

光导照明是一种新型的高科技照明方式

在室内能照射到的地方毕竟很有限，这时候就要看光导照明系统大显身手了。

光导照明是一种新型的高科技照明方式。通常提到照明，我们第一反应就是电力照明。现在，随着科技的发展，在能源紧张、环境污染严重的大环境下，一种节能环保、绿色健康的新型照明方式——光导照明，正在被越来越多的人熟知和认可。

光导照明，简单的说，就是运用高科技手段把自然光引入室内照明。光导照明系统的主要结构分为三部分：室外的采光罩、光传导部分（光导管）和室内屋顶的漫射器。

它的工作原理是通过室外的采光装置捕获室外的自然光，并将其导入系统内部，然后经过光传导装置的强化并高效传输后，由漫射器将自然光均匀的导入室内需要光线的任何地方，从黎明到黄昏，甚至是阴天或者雨天，该系统导入室内的光线仍十分充足。

光导照明系统的特点有：节能，可取代白天的电力照明，无能耗，一次性投资，无需维护，节约能源，创造效益；环保：照明光源为自然光线，采光柔和、均匀，光强度可以根据需要实时调节，全频谱、无闪烁、无眩光、无污染，并可滤除有害辐射，最大限度地保护您的身心健康。

安全：采光系统无需配带电器设备和传导线路，避免了因线路老化引起的火灾隐患，且系统设计先进，具有防水、防火、防盗、防尘、隔热、隔音、保温以及防紫外线等特点。

健康：科学研究证明，自然光线照明具有更好的视觉效果和心理作用，并且有益于改善室内环境，增强人体健康。

时尚：外观时尚、大方，创造低耗能、高舒适度的健康办公、娱乐、居住环境，是自然光与人工建筑的完美结合，是当今国内外普遍推崇的一种绿色健康、节能环保的新型照明系统。

低碳照明是以减少温室气体排放为目标，构筑低能耗、低污染为基础的照明发展体系。大功率的光源会散发出大量的热量导致室内温度的上升，同时也增加空调的负

光导照明

担，温室气体的排放也大大增加。采用低能耗、低污染的照明以降低能源的功耗，同时降低温室气体的排放。

◤ 江苏将全面推行黄标车区域限行

机动车尾气排放的氮氧化物正成为城市灰霾的主要"元凶"，因此，江苏将在全省推行黄标车区域限行制度。

2015 年前基本淘汰 2005 年以前注册运营的黄标车。一辆黄标车的排污量等于 28 辆国Ⅳ车，直接导致氮氧化物排放总量升高。

对提前报废的机动车，由各地根据车辆使用年限及类型给予差别化补助，省级环保引导资金给予一定比例支持。同时，加快提升车用燃油品质，有条件的城市可提前实现机动车第五阶段排放标准。按照规划，"十二五"期间江苏沿江各市要全面推广"国四"汽油的使用。2013 年，江苏将实现PM2.5 县一级监测点全覆盖，同时还将在年内实现灰霾天的预报。江苏环境健康研究课题也正在进行当中，待时机成熟后将向社会公布。

低碳照明以减少温室气体排放为目标

PM2.5 并非一个城市的问题，而是区域范围的污染问题，目前北京正在推进区域联防、联控，值得借鉴。京津冀、长三角、珠三角地区，都是区域联防的重中之重。

污染问题，不是环保一个部门所能解决的。面对灰霾天，全社会都应行动起来，让各界全都重视这个问题，真正推动空气质量的改善。

◤ 稀土是绿色照明的新希望

LED 绿色照明行业目前在国内外都是一个"热得不行"的行业。一方面，LED 绿色照明未来在节能减排和低碳经济上对环境的保护价值以及市场的投资价值上使这个行业"热得不行"。

另一方面，又因为客观上 LED

"低碳"照明设计

本身有一个既发光又发热的特性，使目前众多的 LED 产品因无法解决散热问题而导致产品"热得不行"。

在业界，稀土金属被誉为"工业味精"，通过加入稀土元素往往能够奇迹般的改善材料的性能，在 LED 大功率照明产品中，稀土也不仅仅作为荧光粉的原料，而在配光、表涂和散热方面开始发挥新的作用。

稀土室温液态金属取代传统的固晶银胶和导热膏做粘合剂和填充剂，可以减少热阻，打破了大功率 LED 的散热瓶颈。此外，采用稀土铝合金材料制作散热器，能够增加

热传导，有效的促进散热。

LED 大功率照明路灯

LED 绿色照明

稀土材料

LED 路灯照明

稀土材料将其应用于 LED 灯具的封装、导热、散热、配光透镜和灯壳结构设计等各个关键环节，实现了新型材料和创新工艺的结合，彻底解决了大功率 LED 照明灯具散热难和配光难的国际难题。

此外，为了进一步提高 LED 的可靠性，采用同样导热性优良的稀土陶瓷封装基板代替传统的金属基板，可以有效地避免晶片与基板的脱落。在玻璃透镜中掺杂上稀土元素，可降低透镜的光吸收和色散系数，增加透光率。

◣ 低碳办公是一种生活态度

电脑、电话、电视、电梯、打印机、复印机、饮水机，城市里每栋办公楼都由朝至夕地运转着，并伴随着巨大能量消耗。

不过随着低碳的普及，各种环保节能的办公方式应运而生。

所谓低碳办公，指的是在公务活动中尽量减少能量的消耗，从而减少二氧化碳的排放。若将其应用到办公生活，其实只是一种生活态度与潮流趋势的转变。

如随手关闭电脑和饮水机电源、少开空调、少打电话；给来宾准备专用饮具，减少一次性纸杯的使用，既低碳又庄重；办公楼洗手间统一安装感应水阀，调控整体用量；将白炽灯改成节能灯，亮度一样，寿命更长，更省钱；全面检查采光需求，减少多余灯管数，或是改用太阳能设备，不但省能更产能。

低碳环保故事

视频会议

在办公桌上多种植几盆绿色植物，既能美化办公室，又能净化空气，实现碳减排。大部分植物都是在白天吸收二氧化碳释放氧气，在夜间则相反。但仙人掌、虎皮兰、景天、芦荟和吊兰等植物都是一直吸收二氧化碳释放氧气的。

一盆吊兰在8～10平方米的房间相当于一个空气净化器。龟背竹是常绿藤本植物，花谚说，"龟背竹本领强，二氧化碳一扫光"，它夜间有很强的吸收二氧化碳的特点，比其他花卉高6倍以上。

从无纸化到云计算

"隐形森林"一直是环保的热门话题之一，无论是废纸回收再利用，还是使用竹浆、甘蔗浆、麦草浆、稻草浆等非木纤维纸制品以减少二氧化碳

环保卫生纸

无纸办公

排放，都得到了社会的广泛认可。

有人算过一笔账，生产 1 千克纸张会排放 3.5 千克二氧化碳。如

视频开会

果使用"隐形森林"方案，循环使用一吨废纸，可节省木材 3 立方米，节水 100 立方米，节煤 1 200 万千克，节电 600 度。但如果完全不使用纸张，则可减少 3 500 千克二氧化碳排放。因而近几年，更加省钱省力的"零森林（无纸办公）"逐渐取代了"隐形森林"。

目前最潮的科技达人们连 U 盘都不需要了，这全得益于"云计算"。云计算最大的特点是：你不再需要硬盘，所有的东西都可存于网络。文件从被拖入特定文件夹的那一刻起，已不再是硬盘中的一个实体，而是天边的一朵"浮云"。

云计算技术的出现使得办公室的概念越来越模糊，不过这项技术暂时还未被广泛接纳，其主要原因是出于安全性考虑，但凡涉及个人隐私和商业机密的文件，都一定不会托付给"云"。

挑选低碳办公设备

有调查显示，办公室里最大的碳排放通常来自复印打印机。做项目报告、申请费用、发邀请函和建议书等，都要打印出来，有的材料甚至需要复印数十份、上百份。

如何在这一环节实现减碳呢？首先是要挑选低碳的办公设备。由于成像原理的不同，喷墨打印机在能耗这一指标上比激光打印机有着绝对的优势。所以，出于节约办公成本等方面的考虑，喷墨打印机是

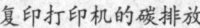
复印打印机的碳排放

一个不错的选择。

规划文件解决方案。在处理公文、收发电子邮件时，通过网络实现无纸化作业，可减少纸张消耗，更可提高办公效率。

在非要打印不可的情况下，按照实际需求量打印，可以有效减少不必要的纸张消耗和浪费。你还可以尽量采用双面复印，减少纸张消耗。

减少笔的即抛率。选用一支适合自己的笔管，再配备足够的笔芯待用；尽量选用钢笔书写或签字；使用木制笔时不要把笔尖削得过长，还可以备用一支加长笔管待用。

上网搜索一次排放7克二氧化碳

据美国哈佛大学的一项研究成果显示，每次搜索所产生的二氧化碳排放量高达7克，搜索两次等于煮开一壶水产生的二氧化碳。1 000次谷歌搜索产生的温室气体相当于

电脑的碳排放

美国一辆汽车平均行驶一千米所产生的排放量。

目前信息和通信技术领域造成的二氧化碳排放量已占全球二氧化碳排放总量的大约 2%。气候组织通过研究计算显示，电脑的碳排放四分之一来自于生产制造过程，剩下的四分之三则来自使用过程，即用户办公应用、娱乐和上网。生产一台电脑对环境的冲击与生产一辆汽车不相上下。而使用过程中，每台电脑一年排放出 100 千克的二氧化碳。

更惊人的是，该组织的一份调查报告显示，在 2007 年，全球的电脑、打印机、手机和各种小型的 IT 产品共产生了 8 300 亿千克的碳排放量，这一数字与航空业的碳排放量相当。

不插电加湿器

◰ 从不插电到自发电

不插电的概念最早用于演唱会，该方式可还原歌手最本真的声音；而不插电办公，则可使人类回归到最自我的工作形态。

不插电直译为"拔掉电源插头"。严格来讲，不插电并非完全不用电，而是断绝平时经常使用的通讯工具和高科技电子设备；或又称"离网（发电）"，指不依靠公共供电网的电能，而通过自主环保发电的方式来驱动生活。

最著名的典范就是"不插电岛"——丹麦萨姆索岛。岛上每位居民都拥有自己的风力涡轮发电机，通过风力发电取代火力发电，从而大大减少二氧化碳的排放。除满足自需外，他们还为欧洲其他地方提供电量。

不插电加湿器——一棵心形盆栽。爱心叶是用羊毛做的，"栽"进花盆后，可以从根部吸收水分，浸润整张叶片，随后快速地蒸发到空气中，保持室内环境的湿度。这种高科技吸水滤纸不仅水分吸收快，蒸发也快，号称能达到水分自然蒸发速度的 5 ～ 15 倍，而且即使完全湿润，叶片还能保持坚挺造型，不会软塌塌的。

附着在水管上的微型发电机：只需将它固定在水龙头或水管上，水流便可以推动涡轮发电。而且它的优势在于不仅不影响正常用水，还能把每次产生的发电量存储起来，输送到电线另一端的插座，以备不时之需。

转移能量的摇椅：人坐在摇椅上摇摆时，产生的能量可以为内置 LED 台灯提供电能。如果能够在公司休息室或茶水间安置几张，中午的时候大家就可以一边休息一边用小灯照明，也不影响他人。

现代人办公绝对离不开电脑，世界各国的科学家也在积极研发不插电的电脑。比如这款功率仅 20

骑自行车游玩最环保

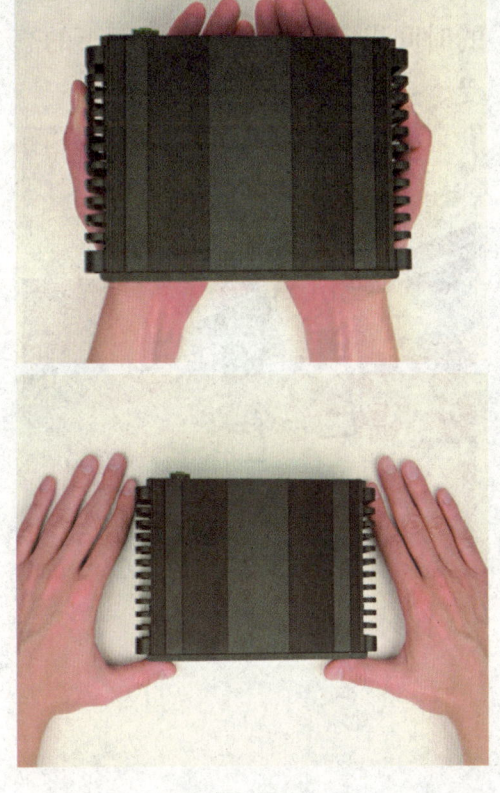

旧键盘做成的手袋

瓦的 Aleutia 小型电脑，整个装置由一个处理器、内存、键盘、鼠标和 12 英寸显示器组成，只要一块小型单片太阳能电池板就足够为其供电。将其改良大量应用于现代办公室，或许是科学家近期的梦想。

从零飞行到低碳出行

视讯作为一种新型的沟通工具，其身临其境的可视化远程交流方式改变了电话、邮件、异地出差等传统商业沟通模式的局限。

此外，目前各企业广泛使用的 OA 系统亦能够使企业管理层及时监控分支机构的运营情况，免去了不必要的舟车劳顿与相应的成本支出。

入住绿色和碳中和的酒店

而至于部门内部的小会议，则通过微博、MSN和QQ的群组即可实现即时沟通。另外，近年备受推崇的居家办公，也是远程办公的一种，既能节省交通时间，又能减少能耗。

上下班虽然多搭乘公共交通工具或多人拼车可节省费用，避免交通堵塞，减少废气污染。但相比之下，减少商务公差更能有效地推动低碳事业。比如，通过网络视频会议，可避免因出访外地搭乘飞机、火车或渡轮所排放的温室气体，还可节省商旅的时间与费用。

而在上下班时，也可将等电梯的时间用于爬楼梯，上上下下的享受，会让身体更健康。

互联网

 迷你知识卡

云计算

基于互联网的相关服务的增加、使用和交付模式，通常涉及通过互联网来提供动态易扩展且经常是虚拟化的资源。云是网络、互联网的一种比喻说法。过去在图中往往用云来表示电信网，后来也用来表示互联网和底层基础设施的抽象。

狭义云计算指IT基础设施的交付和使用模式，指通过网络以按需、易扩展的方式获得所需资源；广义云计算指服务的交付和使用模式，指通过网络以按需、易扩展的方式获得所需服务。这种服务可以是IT和软件、互联网相关，也可是其他服务。它意味着计算能力也可作为一种商品通过互联网进行流通。

OA 系统

办公自动化(OA)是面向组织的日常运作和管理，员工及管理者使用频率最高的应用系统，自1985年国内召开第一次办公自动化规划会议以来，OA在应用内容的深度与广度、IT技术运用等方面都有了新的变化和发展，并成为组织不可缺的核心应用系统。

"低碳旅游"
——最时尚的旅游方式

◣ 环保"补"碳游是潮流

我们发现地球越来越暖和，天气越来越怪异，很多动物濒临灭绝，一些岛国接近海平面……有一天地球会变得不适合人类生存了，这一切并非危言耸听。

但是，旅行是一个享乐的过

哥本哈根到 2025 年有望成为世界上第一个碳中性城市

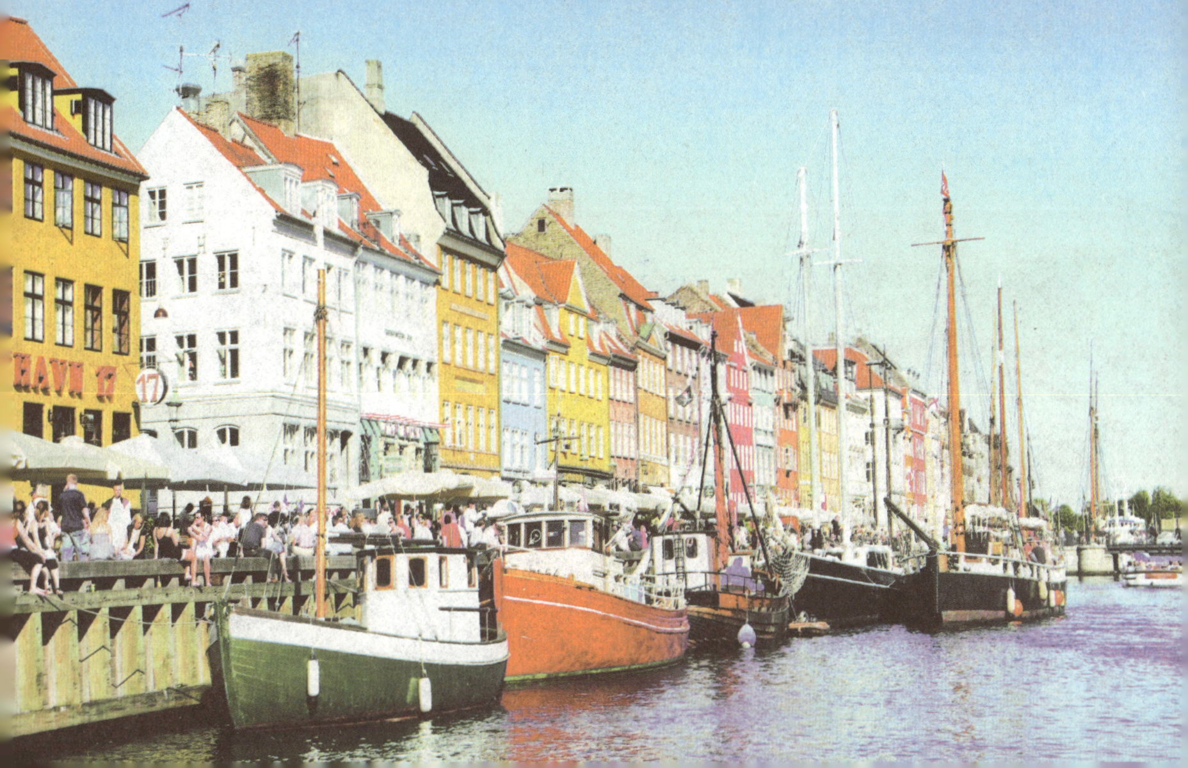

程，在人们的物质生活飞速发展的今天，为了减碳停止旅行活动是不现实的，也许从今天起，作为一个热爱自然的旅行者，你可以用心想想，我们在旅行中，可以怎样尽可能减少碳排放，减少给地球、给大自然带来的伤害。

低碳旅游顾名思义，即是一种降低"碳"的旅游，也就是在旅游活动中，旅游者尽量降低二氧化碳排放量。即以低能耗、低污染为基础的绿色旅行，倡导在旅行中尽量减少碳足迹与二氧化碳的排放，也是环保旅游的深层次表现。

这其中包含低碳旅游线路、个人出行中携带环保行李、住环保旅馆、选择二氧化碳排放较低的交通工具甚至是自行车与徒步等方面。如今低能耗、低污染的"低碳旅游"概念已被不少景区和游客所接受，它虽然略显艰苦却点滴中透着环保，虽然"小众"却十分时尚。

什么样的旅游方式最时尚？无疑，碳补偿成为一大热点。工业社会以来人类无节制的高碳活动产生大量温室气体，引起全球变暖，已经成为名副其实的一场生态危机。对于不断增加的二氧化碳排放量，环保"补"碳游成为一种潮流。

碳补偿是现代人为减缓全球变

太阳能之城

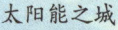

"低碳"城市

暖所作的努力之一。利用这种环保方式，人们计算自己出游过程中直接或间接制造的二氧化碳排放量，通过各种途径抵消大气中相应的二氧化碳量。

玩转"低碳"旅游

随着人们生活水平的提高，私家车越来越多，私家车在给人们提供便利的同时，也加大了碳排放。《全民减排手册》数据显示，每月少开一天车，每车每年可节油约44升，相应减排二氧化碳98千克。

福建山清水秀，绿意盎然。对于福州市民来说，晚饭后去西湖左海环湖栈道上散步，徒步走上4.2千米，是一件赏心乐事。周末一家人一起去爬爬鼓山，更不失为一种低碳健身的良好方式。

在福州境内游玩，如果路比较远，不少人就会用单车出行的方式来实现低碳旅游。

杭州不仅风景美，在"低碳"旅游方面也颇有建树。一辆辆红色的公共自行车在西湖周边来回穿梭，为西湖的美景更添了十足的妩媚，这是真正的"零排放"、"无污染"。而乘坐漕舫船去西溪赏梅，这种"低碳"旅行的方式，更令人耳目一新。

张家界风景如画，核心景区禁止机动车进入，改以混合动力巴士和电瓶车代替。景区的空气十分清新，金鞭溪峡谷中野生猕猴出没，与游客和平相处，怡然自得。在这里，野生动植物与游客和谐相处。

"低碳"的生态环境是香格里拉的生命线，它的持久美丽离不开"低碳"。雪山、峡谷、草原、高山湖泊、原始森林蔚为壮观，"日

徒步登山也是很环保的选择

照金山"的梅里雪山更是中国"低碳"旅游的象征，具有着巨大的观赏价值和科学考察、探险价值。

大兴安岭是中国最大的氧吧，中国三大"低碳"旅游景区之一，有着中国面积最大的林区，低碳效果超强。山高谷阔，林木葱郁。

峨眉山是老牌"低碳景区"，旅游低碳的先行者，多年前就实行统一乘坐旅游交通大巴的方式来进行"低碳"旅游。

如今，全国各地许多旅游景点已不再热衷于兴建缆车和索道了。因为缆车和索道使用的是电力，不符合"低碳"旅行的理念。

除了出门要带的行李外，缝制一个"百宝袋"也是必须的。里面分门别类装有环保袋、毛巾、手帕、牙刷、牙膏、肥皂、梳子、筷子、勺子、针线包等生活必需品。因为在许多的旅游景点，一次性用品消费量很大，产生了大量的二氧化碳。

所以，如果每人都能少

用一次性物品，就是很大的节能减排。另外，还可自备救生包，包里装着出行必备的药品，比如感冒药、胃药、云南白药、创可贴等。还有绷带、纱布、药棉、小瓶的消毒酒精等急救品。

"能乘火车，不坐飞机"，这是低碳旅行的最基本要求。因为在同等距离的前提下，在所有交通工具中，飞机的碳排放量是最高的。

旅行途中，自备水杯，不买瓶装水。在景点不乱扔垃圾，爱护所到之处的一花一草，心灵由此变得纯净。

大兴安岭是中国最大的氧吧

行前"补"碳,计算"碳足迹"

在制订好出游计划之后,我们就可以估算自己的"碳足迹"了。碳足迹是指一个人的能源意识和行为对自然界产生的影响,简单而言,就是指个人的"碳耗用量"。

一个人的碳足迹,可以分为第一碳足迹和第二碳足迹。第一碳足迹,是因使用化石能源而直接排放的二氧化碳,比如人坐飞机出行,飞机会消耗燃油,排出大量二氧化碳;第二碳足迹,是因使用各种产品而间接排放的二氧化碳,比如消费一瓶瓶装水,表面看和二氧化碳排放无关,但在这瓶水的生产和运输过程中其实也产生了排放。

目前已有许多网站提供专门的"碳足迹计算器",只要输入你的某种生活数据,就可以计算出相应的碳足迹。比如,进入山水自然保护中心网站,在"碳足迹计算器"

峨眉山是老牌"低碳景区"

中输入使用汽油 10 升，计算得出相当于排放了 22.514 千克二氧化碳。

现有的多数"碳足迹"计算器虽然版本众多，但是计算碳足迹的意义在于，一旦明白了你的碳足迹从哪里来的，你就可以设法去减少它。

作为航空乘客而言，也可为碳排放买单，这就是一些航空公司提出的碳补偿计划。随着家庭、企业和运输系统二氧化碳排放量不断增长，碳补偿作为一种自主减排新方法正日益受到瞩目。

举例来说，美国大陆航空公司就与非盈利机构可持续发展旅游国际组织合作，推出碳补偿计划。此项计划是自愿性的，可以让乘客了解到其选乘航线行程的碳排放量并可以通过其计算出的碳排放量，向可持续发展旅游国际组织进行补偿捐献。

在国泰航空网站上看到，只需在网站登入"飞向更蓝天"网页，根据提示填好相关数据，系统内的网上计算器就会根据飞行里程及客舱级别计算出碳排放量和所需的"碳费"。

中国首座太阳能大厦

旅途中的酒店也是碳排放的大户，因而要做到碳补偿，最好首先就住绿色和碳中和的酒店，少排碳甚至不排碳。

中国首座太阳能大厦是位于北京近郊——河北保定的中国电谷锦江国际酒店。这座太阳能光伏大厦将太阳能玻璃幕墙融入到整体设计

电谷锦江国际酒店

低碳旅行

之中，建筑外立面采用大规模呼吸式太阳能玻璃幕墙。

　　整座大厦的发电量可达 0.3 兆瓦，相当于一个小型发电站。整个立面体现出线路板的设计理念，不锈钢板代表着线路板上的电气组件，太阳能玻璃组件代表导体，导体将组件连接起来就把线路板的理念体现得淋漓尽致。

　　大厦外墙的五个不同方位安装了 4 500 平方米太阳能玻璃幕墙，遮阳、环保、节能，而且具有良好的透光性、可产生电能。

　　在外围护结构方面，大厦屋顶采用了挤塑聚苯板保温，外墙采用

5 厘米厚挤塑聚苯板抹灰系统，外窗则采用低能耗中空玻璃铝合金窗。大厦主楼南立面 5 ～ 24 层采用的是呼吸式太阳能玻璃幕墙，大规模、多角度采用了光伏发电技术，安装并网容量为 0.3 兆瓦。

　　此外，大厦还采用了污水源热泵系统，其基本原理即用污水处理厂的中水来进行板式换热；为了突出节能环保的设计理念，整个大厦的卫生冲厕、消防中水、洗车、浇花等均采用中水，不仅大厦达到零排放，而且使用后的中水将再次返回到污水处理厂作为热电厂循环水二次使用，使污水实现循环利用。

芝加哥太阳能大厦

低碳游 VS 高碳游

　　碳补偿是自愿行为。碳补偿资助的项目种类繁多，比如通过义工旅行或者通过特定组织，参与到减碳活动中来，包括植树造林、研发可再生能源、增加温室气体的吸收等。

　　2003 年，美国电影演员迪卡普里奥就付钱在墨西哥植树，因此宣称自己是美国第一个碳补偿公民。还有很多其他形式的碳补偿方式，如不久前携程旅行网推出碳补偿活动，出游者可用积分兑换树苗，由知名环保组织安排栽植，为自己的旅行进行碳补偿。

　　预订机票时，将根据其飞行里程，提醒客人该次旅程航空飞行所产生的二氧化碳排放量，以及减少这些二氧化碳而需要种植的树木数量，并提供相应的碳补偿选项。客人可用其积分兑换树苗，最后由环保组织"上海根与芽"安排栽植，地点

低碳游

在位于内蒙库伦旗的植树基地，种植树木为属于杨树和槐树杂交品种的"通林五号"。

在 2008 年 12 月，中国首个官方碳补偿标识——中国绿色碳基金碳补偿标识发布。如果公众愿意加入"消除碳足迹，参与碳补偿，积极应对气候变化"活动，自愿捐资到中国绿色碳基金进行"植树造林吸收二氧化碳"的活动，就可获得碳补偿标识。

旅途中少使用空调、不用一次性餐具、选择淋浴、洗衣服自然晾干不用洗衣机甩干、乘飞机少带行李、多购买本地时令蔬果……很多减碳生活方式，只需要你稍稍改变一下生活习惯，就能实现。

而高碳的出游方式，则包括大排量汽车、房车远距离出游，不循环利用书本纸张，野外燃烧树木和炭，乃至大量购买非季节性产品、购物时过度包装都间接排出大量的碳。这些行为应该有所节制。

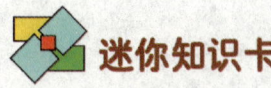 **迷你知识卡**

如何使用家电才低碳

冰箱:冰箱内存放食物量占容积 80%为宜。食品与食品、冰箱间隔 10 毫米以上。用数个塑料盒盛水,在冷冻室制成冰后放入冷藏室,能延长停机、减少开机。

空调:频繁开关相当费电,且易损坏压缩机。将风扇放在空调内机下方,利用风扇风力提高制冷效果。将空调设置为除湿模式,凉爽且比制冷模式省电。空调调高一度,节电百分之七。

洗衣机:使用强档比弱档省电,且可延长洗衣机的寿命。脱水不超过 3 分钟。

微波炉:加热前用保鲜膜覆盖食物。每次加热食品不超过 0.5 千克,最好切成小块。尽可能使用高火。

计算机:需要立即恢复时采用"待机"、电池运用选"睡眠"、长时间不用选"关机"。关掉不用的程序和音箱、打印机等外围设备。少让硬盘、软盘、光盘同时工作。对电池完全放电。

"低碳游"爱好者

航空和旅游业如何过渡到低碳

削减手提行李、削减飞机上的免税额；

鼓励航空公司提供免费公交车或铁路奖励里程，而不是免费的飞行里程，以便促进旅客采用更环保的交通工具；

鼓励旅游经营者预订直航航线，而不是那些绕路或是中途需要经停的航线；

大幅增加公务舱旅客票价，促使这些空间被用来运送更多的旅客；

制定措施减少服役飞机的平均年龄。在瑞典，飞机的平均年龄刚刚超过 10 年，而在美国，三分之一的飞机的平均年龄是 25 年。先进飞机可以减少每名旅客每公里高达 30% 的废气排放量。

"低碳"交通工具

第9章 享受"低碳饮食",环保健康两不误

1.《阿特金斯医生的新饮食革命》
2.什么食物更"低碳"
3.低碳饮食,不等于吃素
4.胡萝卜比西红柿更环保
5.吃虫,以低碳的名义

◿ 《阿特金斯医生的新饮食革命》

低碳饮食,就是低碳水化合物,主要注重严格地限制碳水化合物的消耗量,增加蛋白质和脂肪的摄入量。1972 年,阿特金斯的《阿特金斯医生的新饮食革命》首次出现的,虽然在食物的类别和摄入有所节制,使身体得到均衡,但在医

蔬菜也"低碳"

低碳饮食

学界上引起了强烈的争议。且在进一步研究其效果。

《全民节能减排手册》书中指出，每人每年少浪费0.5千克猪肉，

蔬菜"金字塔"

可节能约0.28千克标准煤，相应减排二氧化碳0.7千克。如果全国平均每人每年减少猪肉浪费0.5千克，每年可节能约3.53亿千克标准煤，减排二氧化碳9.11亿千克。

数据表明，吃1千克牛肉等于排放36.5千克二氧化碳；而吃同等分量的果蔬，二氧化碳排放量仅为该数值的九分之一。所以多吃素少吃肉，不仅有益身体健康，还能减少碳排放量。

尽量不吃饭、面、面包等高碳水化合物的食物。中餐和晚餐要有蛋白质和蔬菜。晚餐在9点前吃完，9点之后除了喝水，任何

东西都不吃。

鱼、海鲜、贝类可与肉类交替吃，一餐选一种蛋白质即可，不能同时吃鱼和肉。经过复杂料理的汤汁（如牛肉汤）不要喝，尽量喝清汤，不喝浓汤类。避免油煎、油炸、勾芡、裹粉等烹调方式，蒸、煮、烫最好。

从美国总统克林顿到好莱坞明星珍妮佛·安妮斯顿、布拉德·皮特，都是的受益者和执行者。享誉美国，以至于可口可乐公司不得不根据消费者的建议推出低糖的"健怡"和"零度"可乐。

美国哈佛大学和美国农业部，借鉴的健康膳食金字塔，制定出推荐给全民使用的科学饮食金字塔。

什么食物更"低碳"

多数人喜欢吃肉。经济越发达的地区，肉类的消耗——或者更广泛一点说动物性食物的需求，就会越高。按照肉、蛋、奶的全球总产量来估算，世界范围内每个人平均每年消耗大约40千克肉、9千克蛋和90千克奶。

"低碳"超市

具体消耗量跟经济发展水平密切相关，比如美国人每年消耗肉类超过 120 千克。不过，即使在肉食消耗量高的地区，动物性食物也只占食物总量的一部分。这个比例在发达国家中平均超过 25%，而发展中国家平均只稍高于 10%。

全球牲畜养殖排放的温室气体大约 71 000 亿千克，世界人口大约 65 亿。也就是说，为了获得前面所说的 40 千克肉、9 千克蛋和 90 千克奶，平均向自然界排放了 1 100 千克温室气体。

让我们来与汽车的碳排做一个比较：在计算汽车排放的时候，美国采用的数据是 1 升汽油产生 2.3 千

肉类的消耗

克二氧化碳。一般的家用汽车，每百千米耗油在 8 到 12 升之间。也就是说，产生 1 千克二氧化碳，家用汽车可以开的距离在 3.6 到 5.4 千米之间。

为了生产 40 千克肉、9 千克蛋和 90 千克奶所产生的二氧化碳，相当于一辆家用汽车开 4 000 到 6 000 千米！

对于多数人来说，吃肉吃蛋还是比吃素是更加幸福的事情。就像我们不能为了"低碳"要求人们长途步行一样，"为了低碳而吃素"作为一种个人选择固然值得赞赏，但却不能用来要求别人。"低碳生活"，说到底还是在"生活舒适"与"地球可持续发展"之间寻求一个平衡。

◥ 低碳饮食，不等于吃素

"低碳饮食"最初主要是作为减肥方式为人们所知，其强调不吃主食，以果蔬为主。时至今日，"低碳饮食"已从以往单纯的减肥

瑞典最大的农业合作社

方法变成了健康环保的饮食方式。"低碳饮食"可以减少碳的排放量，注重多吃素食，减少肉类和谷物等碳水化合物等的摄入。"少吃肉、骑自行车、坐公交车、简约消费"的生活方式成为白领一族青年的生活方式。

专家指出，碳水化合物主要可分为简单及复合两种。简单碳水化合物主要存在于蔗糖、蜜糖、糖果以及水果和奶制品等当中，复合碳水化合物主要存在于淀粉类食物中，例如谷物、豆类、马铃薯和部分蔬菜。

简单碳水化合物比复合碳水化合物更易被身体吸收，减少碳水化合物的摄入，是因为碳水化合物在人体内消化、吸收速度比较快，使

马铃薯

低碳饮食不是完全不吃肉

人容易产生饥饿感而增加食量，进而容易导致人体发胖，并且过量的碳水化合物能在人体内转化为脂肪贮存，结果导致体重增加。

碳水化合物在人类每天的生活中占有十分重要的地位，每个人每天都必须摄入足量的碳水化合物才能保证身体机能的正常运作，完全不吃是不行的。但可以适当减少吃面食的数量，同时增加食用新鲜水果和蔬菜的数量，饮食结构中应少荤多素，糕点、奶油等含脂肪酸太多的食物尽量少吃。

如果完全不沾主食、糖类、淀粉类食物，容易出现营养不良，长期这样会出现头晕目眩、脱发、皮肤干燥等症状。

低碳饮食不是完全不吃肉，而

是要"因人而异"选择肉类。我们把动物肉类形象地划分为四条腿、两条腿及无腿肉类。四条腿的肉类包括猪肉、牛肉、羊肉和狗肉等，是营养学上的"红肉"，含有很高的饱和脂肪酸和胆固醇，过多食用会导致肥胖甚至疾病。

两条腿及无腿肉类主要指鸡肉、鸭肉、鱼虾和蛋等，俗称"白肉"，优质蛋白和不饱和脂肪酸含量较高，营养成分容易被人体吸收，相比红肉对人体更有好处。专家建议，要多吃白肉少吃红肉，这才是提倡低脂肪、高蛋白的饮食方式。

除了食材选取外，选择合适的烹调方法也是低碳饮食的关键环节。专家指出，烹饪多采用煮、饪、烫和清蒸、凉拌、白灼等简单加工方式，减少油炸、油煎和水炖等碳排放量大的加工方式。这样一方面减少污染物和废

减少油炸、油煎加工方式

气的排放，对空气和环境有益，另一方面也是保证人体健康的"低碳"烹饪。

胡萝卜比西红柿更环保

在欧美国家，许多人习惯根据包装袋上的热量表决定是否购买某样食物。现在，瑞典人可能需要再谨慎一些：阅读碳排放量。

控制温室气体，从"吃"下手，这是瑞典今年推出的环保新举措。此类宣言开始包围他们的生活。不少超市待售的食物、饭店桌上的菜单，都悄悄多了一张标签，上面列

胡萝卜比西红柿更环保

着生产过程中各环节产生的二氧化碳排放量。

瑞典最大的农业合作社率先从几类食品开始试点，鸡肉、燕麦片、大麦和通心粉，都得贴上精确的标签才能出售。

汉堡连锁餐馆在菜单上每种食品旁边都注明了碳排放量。他们还特地聘请了一名顾问，计算公司的碳足迹。他们发现公司 75% 的碳排放是由肉类制造产生的。自从贴上碳排放量标签后，瑞典全国环保食品的销量上升了 20%。

瑞典国家食品管理局今年夏天公布了一份新版食品指南，也是减少二氧化碳排放量的一部分。

新指南建议人们多吃胡萝卜，少吃黄瓜和西红柿。因为与胡萝卜

吃虫子也是低碳饮食

吃虫子不仅仅是为了新鲜

相比，后两种蔬菜大多需要在温室中种植，不利于环保。以鸡肉取代红肉（猪牛羊等肉）也是一种不错的减排方法，因为养牛会排放大量温室气体。

🔲 吃虫，以低碳的名义

你想过有一天昆虫会成为你餐桌上的一道家常菜吗？你可能会觉得不可思议：天！那是动物干的事。但现在，不但吃虫子的方法花样频出，更有人指出，其实吃虫子才是真正的低碳饮食……

吃昆虫，确实是一件很惊悚的事情。不过在某些人眼里，虫子是不亚于牛排、火锅的美味，只不过它们长得比较怪异罢了。

不可否认，每种文化都有其"古怪"的食物。比如许多人都会恶心法国的蜗牛，美国落基山的"牡蛎"，实际是牛睾丸；还有英国的黑布丁，其实就是猪血糕。要讲到吃昆虫，不光是中国、日本和非洲人民，美国公司也有做成糖果和棒棒糖式的蝎子、蠕虫和蟋蟀。

昆虫在日本人的餐桌上始终占据一席之地，除了夜市里常见的那种穿成串儿卖的烤虫子外，日本人还有一套独特的吃法。不过尽管如此，昆虫宴仍然是小众化的。绝大多数日本人从来不、也许永远不愿意去尝试一下。

你以为吃虫子仅仅是为了新鲜吗？你又错了，在2010年5月的剑桥TED会议上，一名昆虫学家就提出："想要养活全世界吗？那就吃虫子吧！一碗蚱蜢与一碗牛肉相比，维生素含量更多，脂肪含量更少，而且养殖蚂蚱所需的饲料要比养牛少得多。

他还说，人们感到昆虫恶心只

昆虫宴仍然是小众化的

是文化性的，毕竟我们都吃龙虾，它是节肢动物，昆虫不也是节肢动物吗？

另一名荷兰的昆虫学家认为，昆虫不仅是拯救粮食危机的良机，更是缓解有害气体排放的有效手段，虫子具有高蛋白质、维生素和矿物含量。

养殖昆虫产生的温室气体远比养殖家畜低。

饲养常见的食用昆虫：如蝗虫、蟋蟀和膳食蠕虫所排放的甲烷比家畜排放的少10倍，排放的另一种温室气体一氧化二氮少300倍，而且排放的氨气（由饲养猪及家禽产生的污染气体）则更少。

虫子具有高蛋白质

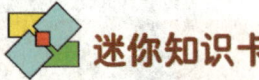 **迷你知识卡**

"低碳饮食保护环境"小建议

多吃新鲜食品。尽量选购新鲜食物，而且要适量的购买，保证一定的时间内可以吃完，就不用动用到家里的冰箱来冷藏食物了。

选时令的蔬菜水果。反季节蔬菜和水果的种植需要使用大棚温室等能源消耗和环节破坏较大的手段，减少反季节水果蔬菜的需求可以很好地保护地球环境。

多吃蔬菜代替肉类。在营养均衡的情况下完全可以多吃蔬菜来代替不必要的肉类摄入，不但能保持健康身材，同时更因为种植蔬菜水果和饲养家禽牲畜相比所消耗的能源和碳排放量都低了不少。

多吃野生食品。尽量多买一些野生的食物来食用，比如野生的海产、河鲜，这些食物不但天然健康，更重要的是减少了饲养过程中许多不必要的消耗和碳排放。

"低碳"水果与蔬菜

改正不健康的生活习惯。应尽早发现和改正例如吸烟,过量饮酒等不健康的生活习惯。

吃饭八成饱。这样不但可以保护肠胃,更重要的是如果吃得过多过饱,不但对自己的健康不利,也会增加消耗食物过程中的碳排放量。

TED

technology, entertainment, design 在英语中的缩写,即技术、娱乐、设计。是美国的一家私有非营利机构,该机构以它组织的 TED 大会著称。TED 诞生 1984 年,其发起人是里查德·沃曼。2002 年起,克里斯·安德森接管 TED,创立了种子基金会,并营运 TED 大会。每年 3 月,TED 大会在美国召集众多科学、设计、文学、音乐等领域的杰出人物,分享他们关于技术、社会、人的思考和探索。

新鲜的马铃薯

第10章 "低碳经济时代"到来,你减碳了没?

"低碳经济时代"并不遥远

低碳经济是以低能耗、低污染、低排放为基础的经济模式。低碳经济的提出,反映了人们因气候变化对未来人类生存环境的担忧,其概念在现实的生产和生活方式中是一个崭新的理念,是提倡人类以低排放、低污染新的生产和生活方式替代传统的生产和生活方式。

尽管,在现实的社会经济生中,低碳经济的生产和生活方式似乎离我们还很遥远,但低碳经济的提出却是全球可持续发展和发展观转变的老问题,离我们现实的生产和生活并不遥远,低碳经济概念近年得到更为深入的普及。

近年来,随着全球气候变化的加剧和自然环境的持续恶化,人类

"低碳经济时代"

在不断思考和反思究竟是什么原因导致全球气候变暖？自然环境持续恶化带来的各种灾害频繁发生，谁应为此负有责任？

目前，有一定科学根据的主流看法是，导致气候变暖的重要原因是人类在生产和生活中过量碳排放所致，而自然灾害频发与人类对自然界的破坏息息相关。当然，近期在一些媒体中也不断传播出一种"另类的声音"，质疑温室气体排放是造成全球气候变暖的主要原因。

但是，从保护环境的角度出发，无论这一论点是否有足够的科学根据，能否站得住脚，不可否认的是气候变暖与温室气体的排放毕竟有着必然的联系，人类对自然界的破坏加剧了环境的恶化，这是一个被广泛认知的不争事实。

因此，保护人类赖以生存的自然环境和减少温室气体排放，无疑是改善自然环境或延缓气候变暖的重要举措，低排放、低污染的生产和生活方式

"低碳经济"宣传画

是人类现实与未来的选择，世界各国政府和社会各界对此早有广泛的共识。

低碳经济的理念是从人类的未来着眼，在社会经济发展过程中，减少碳排放就要相应优化和约束人类生产和生活活动，限制温室气体的排放。

由此，低碳经济理念的提出，在世界各国政府和社会各界形成的共识日益增多，发展低碳经济在许多国家已经提升到经济发展战略的高度，从而低碳经济的生产和生活方式并非遥不可及的事，意味着人类社会将迎来一个新的时代。

"减排"是影响人类未来发展的关键

全球气候变化和人类应对全球气候变暖，在人类共同生存环境中与共同承担责任上是没有国界可言，从根本上大幅削减温室气体的

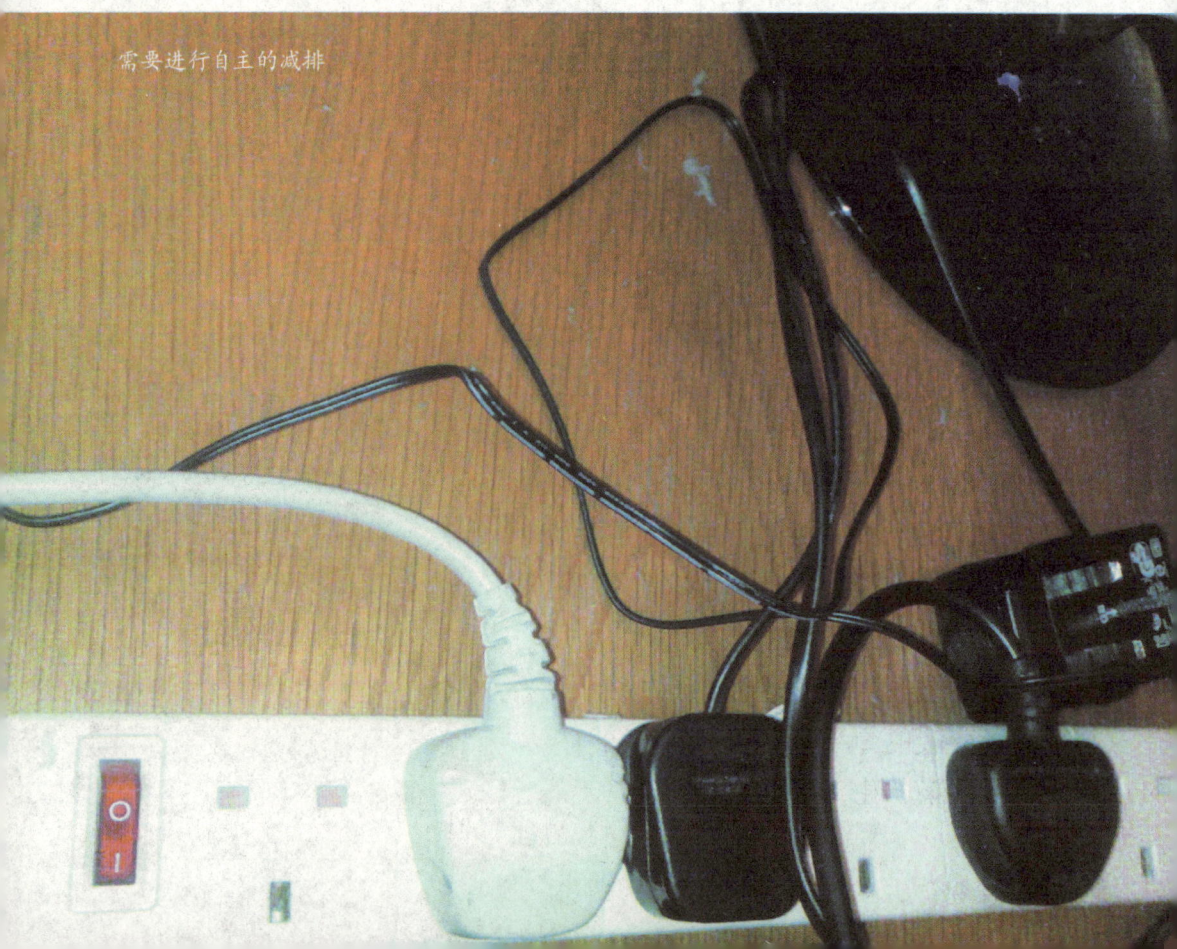

需要进行自主的减排

排放延缓气候变暖，需要世界各国政府和全人类共同行动起来，本着对人类负责的态度积极寻求减低碳排放与适应气候变化的发展经济之路。

为此，我国早在 1990 年就参加了《联合国气候变化框架公约》的谈判，并且是第一批签署《联合国气候变化框架公约》的国家，也是最早批准《京都议定书》的国家之一。

不仅如此，我国政府在应对全球气候变暖的一贯立场是，认为节能减排不仅是全人类的需要，是对全人类负责的体现，同时也是我国自身发展的需要，是我国国民高度负责的体现。

依据可靠的科学数据表明，自 17 世纪中期开始至今，全球大气中约 80%以上的温室气体是由西方发达国家在工业发展过程中造成的，从而《联合国气候变化框架公约》及《京都议定书》本着"共同但有区别的责任"原则，要求西方发达国家承担强制性减排目标，发展中国家只需要进行自主的减排行动。

我国并不需要承担具体的减排义务。但是，在应对全球气候变化和减少温室气体排放量问题上，我国政府始终把减排看作影响人类未来发展的关键问题，不仅多次在各种场合承诺不重演西

自觉减排

低碳已经成为一种生活方式

方发达国家高能耗、高排放、高污染带来的恶果，而且把减排问题提升到了国家战略的高度，并为减排行动制定了综合性的措施与办法。

我国是最早重视和着手制定低排放、低污染发展规划的发展中国家，低排放、低污染成为中国调整经济结构的重要内容和步骤。同时，低排放、低污染生产和生活方式将作为一项重要内容纳入中国国民经济和社会发展第十二个五年规划。

日本的"新阳光计划"

日本是典型的岛国，受其地理环境条件的制约，气候变化对日本的影响远远大于其他世界发达国家。因此，面对气候变暖可能给本国农业、渔业、环境和国民健康带来的不良影响，日本各届政府一直在宣传推广节能减排计划，主导建设低碳社会。

日本是最早推行太阳能政策的国家。20世纪70年代第一次石油危机以后，为了改善能源结构，减轻对石油的依赖，日本就开始寻找替代能源。1974 年日本执行了"阳光计划"，把太阳能、地热、煤炭、氢能源等 4 个领域作为石油替代能源的重点进行开发研究。"阳光计划"规定以居民屋顶并网发电为主要目标，对光伏系统初始的政府补贴达到了光伏系统造价的 70%；另外，"七万屋顶计划"中的最初 50%现金补助，全部由政府资助，从而使日本成为光伏产业大国。

1979 年，日本政府就颁布实施了《节约能源法》，并对其进行了多次修订，最近一次是在 2006 年，该法对能源消耗标准作了严格的规定，并惩罚分明。

1980 年，日本又成立新能源综合开发机构是现新能源及产业技术综合开发机构，它把煤炭液化技术、大规模深部地热开发的勘探及开采技术、太阳能发电等方面的技术作为重点推动开发的项目。1981 年，启动

节能减排专题

日本是典型的岛国

"月光计划"，重点推动燃料电池的开发研究。

1993 年，日本又把阳光、月光计划进行整合出台"新阳光计划"，把原来各自独立推进的有关新能源、节能和地球环境 3 个领域的技术开发进行综合性推进。

1997—2004 年间，日本政府向用于住宅屋顶上的太阳能电池板安装工程投入了 1 230 亿日元的资助金。自 2002 年以来，日本的太阳能发电、太阳能电池产量多年位居世界首位，占据了世界总体产量的半壁江山。

韩国的"低碳绿色增长"

韩国制定了《低碳绿色增长的国家战略》，确定了从 2009 年到 2050 年低碳绿色增长的总体目标，提出大力发展低碳技术产业、强化应对气候变化能力、提高能源自给率和能源福利，全面提升绿色竞争力。

韩国低碳绿色增长的主要内容包括以下几个方面：一是减少能源依赖。2008 年 8 月，韩国公布《国家能源基本计划》，提出提高资源循环率和能源自主率的要求，同时要降低能源消费中煤炭和石油的比重，扩大太阳能、风能、地热等新能源与再生能源的比重。

二是提升绿色技术。2009 年初，韩国公布了《新增动力前景及发展战略》，提出了 17 项新增长动力产业，其中有 6 项属于绿色技术领域，包括新能源和再生能源、低

日本靠太阳能发电

"低碳经济"宣传画

碳能源、污水处理、发光二极管应用、绿色运输系统、高科技绿色城市。

三是通过发展低碳产业扩大就业。根据韩国政府估算，发展再生能源产业比制造业多创造 2～3 倍的就业。尤其是发展太阳能产业、风力发电业，需要 8 倍于普通产业的就业人口。作为环保努力的一部分，韩国政府还将投资 3 万亿韩元用于扩大森林面积，并提供23 万个就业岗位。

◤ 低碳城市的如画美景

在一位台湾女作家的散文里，有这样一段对都市生活情景的描写：闲时常去阳明山或台北故宫博物院走走，但却苦于沿途乱哄哄的车阵与不断扬起的烟尘。即便在阳明山，路旁行道上的树与花草都像是在急匆匆的马达声和雾蒙蒙的烟尘中惊恐不已……

这样的文学描写，很有代表性。这就是我们日益都市化、商业化的城市生活。城市空间局促，人口爆炸，车辆拥挤，都市人的健康面临着环境污染的危害。

尽管很难脱离这个拥挤和喧嚣的环境，但都市人并没有放弃亲近自然、回归自然的愿望和梦想，而且，这种愿望和梦想，要比以往更加强烈和迫切。

目前，许多人正在积极倡导"低碳"的生活方式，不少城市也以打造"低碳城市"为发展城市、建设宜居环境为目标。

如今，城市里的"低碳一族"在我们身边已经悄然形成。他们把"低碳生活"作为一种健康、简约、文明的生活方式。

很多市民通过上网计算了解个人排碳量的情况；有的不再去健身房而是在公园里锻炼身体；有的人尽量用手洗衣物来代替机洗；有的家里已经把白炽灯换成了节能灯；有的去超市购物时随身带着环保袋；有的已经坚持绿色出行方式，减少乘坐或不乘坐出租车。"居城市中，当以画幅当山水，以盆景当苑囿"，这是久居城市中的人们对自然的追逐，真心地期盼"低碳城市"、"低碳生活"，能给我们带来如画的美景、如诗的生活、如歌的城市梦想。

风力发电

世界上第一座碳中性城市

2008 年，哥本哈根被英国生活杂志 Monocle 选为世界 20 个最佳城市，以生活质量高和重视环保等因素位列榜首。哥本哈根计划到 2025 年成为世界上第一座碳中性城市，使二氧化碳排放量降低到零。在哥本哈根，"低碳生活"体现在生活的方方面面，渗透进市民的生活理念，下面向大家逐一介绍。

一尘不染的哥本哈根

许多人把电子钟更换成发条闹钟，使用传统牙刷代替电动牙刷；

太阳能屋顶

节能种植业

坚持户外锻炼，尽量少用跑步机；洗涤衣服让其自然晾干，少用洗衣机甩干。

在哥本哈根街头不时会看到这样的广告：今天你是用手洗衣服的吗？充电器不用时拔下插头每年能节约 30 克朗，用多少热水就烧多少每年能节约 25 克朗，使用一盏节能灯每年能省 60 克朗。

哥本哈根电力供应大部分依靠零碳模式，大力推行风能和生物质能发电，随处可见通体白色的现代风车，有世界上最大的海上风力发电厂。那里有严格的建筑标准，推广节能建筑。对房屋保温层和门窗密封程度都有严格规定，墙壁厚达三层，

在哥本哈根，自行车是最受重视的交通工具

自行车停放在规定的区域

中间层是特殊保温材料，夏天隔热，冬天防寒。窗户也有严格的要求，外边的冷或热空气不会轻易进来。

家家户户都使用节能灯，晚间通往郊外的路没有一盏路灯。推行高税能源使用政策，一千瓦时电的价格由三部分组成：能源市场价格、运送费用以及税收，其中税收占比高达57%。如果不采取节能方式，就得付出高昂的费用。

在哥本哈根市内，所有交通信号灯变化的频率是按照自行车的平均速度设置的。哥本哈根市对各种交通工具的重视程度次序如下：自行车居首，公共汽车第二，私人轿车最末。一路上，可以看到很多式样各异的自行车，有情侣骑的双座位自行车，有母亲骑的带小推车的三轮自行车，有父子同车的大车后部伸出一辆彩色儿童车的自行车。

有不少上了年纪的老人仍然乐于骑车代步。哥本哈根有很好的自行车代步服务，有自行车专用道，免费自行车停放点随处可见，20克朗就能自行租借，用后可还给任何一个停放点，然后拿回20克朗押金。

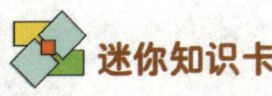 **迷你知识卡**

碳中性

　　新牛津英语词典公布 2006 年年度词汇为 "Carbon Neutral"，中文译为 "碳中性"，全球变暖跟二氧化碳排放密不可分，"碳中性" 是指计算二氧化碳的排放总量，然后通过植树等补偿方式把这些排放量消化掉，不给地球增加额外温室气体排放（主要包括二氧化碳、甲烷等）的负担，达到环保的目的。

哥本哈根

　　丹麦王国的首都，也是该国最大城市及最大港口。哥本哈根是著名的历史文化之城，也是丹麦政治、经济、文化的中心。地理位置座落于丹麦西兰岛东部，与瑞典第三大城市马尔默隔厄勒海峡相望。

哥本哈根

图书在版编目（CIP）数据

图说低碳经济与环境保护／阚男男，闻婷编著．——长春：吉林出版集团有限责任公司，2013.4

（中华青少年科学文化博览丛书／沈丽颖主编．环保卷）

ISBN 978-7-5463-9527-2-02

Ⅰ.①图…　Ⅱ.①…②闻…Ⅲ.①气候变化—影响—经济发展—青年读物②气候变化—影响—经济发展—少年读物③环境保护—青年读物④环境保护—少年读物Ⅳ.① F061.3-49 ② X-49

中国版本图书馆 CIP 数据核字（2013）第 039542 号

图说低碳经济与环境保护

作　　者／阚男男　闻　婷
责任编辑／张西琳
开　　本／710mm×1000mm　1/16
印　　张／10
字　　数／150千字
版　　次／2012年12月第1版
印　　次／2021年5月第3次

出　　版／吉林出版集团股份有限公司（长春市福祉大路5788号龙腾国际A座）
发　　行／吉林音像出版社有限责任公司
地　　址／长春市福祉大路5788号龙腾国际A座13楼　　邮编：130117
印　　刷／三河市华晨印务有限公司

ISBN 978-7-5463-9527-2-02　　　定价／39.80元